《蒙古族图典》编辑委员会

主　编：格·孟和

副主编：吴英喆

编　委：（按姓氏笔画为序）

乌日斯嘎拉　包满都拉　吉如何　朱　虹　庆巴图

杨玉成　苏日娜（饮食卷）　苏日娜（名胜古迹卷）

李凤山　吴国艳　阿力玛　阿拉坦宝力格　珊　丹

胡日查　带　兄　哈斯其木格　娜日娅　高　娃

通格勒格　额尔德木图

民族文字出版专项资金资助项目
"十三五"国家重点图书出版规划项目

蒙古族图典
住居卷

格·孟和 主编
额尔德木图 著

辽宁民族出版社

ⓒ 额尔德木图 2017

图书在版编目（CIP）数据

蒙古族图典. 住居卷：蒙汉对照 / 格·孟和主编；额尔德木图著. —沈阳：辽宁民族出版社，2017.12
ISBN 978-7-5497-1738-5

Ⅰ. ①蒙… Ⅱ. ①格… ②额… Ⅲ. ①蒙古族—民族文化—中国—图集 ②蒙古族—民居—中国—图集 Ⅳ. ①K281.2-64 ②TU241.5-64

中国版本图书馆CIP数据核字（2017）第288166号

蒙古族图典·住居卷
MENGGUZU TUDIAN · ZHUJU JUAN

丛书策划 / 朱　虹

出版发行者：辽宁民族出版社
地　　　址：沈阳市和平区十一纬路25号　邮编：110003
印　刷　者：辽宁新华印务有限公司
幅 面 尺 寸：210mm×285mm
印　　　张：16.5
字　　　数：280千字
印　　　数：1-1000
出版时间：2017年12月第1版
印刷时间：2017年12月第1次印刷
责 任 编 辑：李凤山　朱　虹　包满都拉
封 面 设 计：Amber Design 琥珀视觉
责 任 校 对：代智敏
标准书号：ISBN 978-7-5497-1738-5
定　　价：280.00元

网　　址：www.lnmzcbs.com　　邮购热线：024-23284335
淘宝网店：http://lnmz2013.taobao.com
如有印装质量问题，请与出版社联系调换　　联系电话：024-23284340

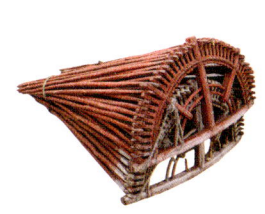

蒙古族图典·住居卷

总序

蒙古族是一个历史悠久而富于传奇色彩的民族。经过千百年来的发展，蒙古族形成了自己独特的文化。每当提起蒙古族，人们就会想起"天苍苍，野茫茫，风吹草低见牛羊"的古老歌谣，眼前便会浮现出这个"马背上的民族"曾经叱咤风云、纵横欧亚、英勇善战、气吞山河的伟岸雄姿。

蒙古族起源于古望建河（今额尔古纳河）。13世纪初，以成吉思汗为首的蒙古部（蒙兀室韦）统一了蒙古地区诸部，逐渐形成了一个新的民族共同体，"蒙古"也就由原来的部落名称变成了民族名称。成吉思汗及其子孙建立的横跨欧亚的大帝国，推动了东西方经济和文化的交流与发展。1995年12月，美国《华盛顿邮报》带头评选第二个千年（1000—1999）最有影响的人物，结果成吉思汗力压群雄，被评为"千年风云人物第一人"。800多年来，成吉思汗的名字和故事，在世界各地传扬。1271年，忽必烈建立了中国历史上疆域最大的封建王朝——元朝，推动了中国统一多民族国家的巩固和发展。

习近平总书记在中国共产党第十九次全国代表大会上的报告中指出:"文化是一个国家、一个民族的灵魂。文化兴国运兴,文化强民族强。没有高度的文化自信,没有文化的繁荣兴盛,就没有中华民族伟大复兴。"蒙古族为我国历史文化发展做出过卓越的贡献,也对人类历史发展产生过深远的影响。无垠的大草原,不息的江河水,永恒的长生天,奔驰的骏马,洁白的蒙古包,华丽的蒙古袍,神奇的呼麦,悠扬的马头琴……蒙古族创造了璀璨夺目的民族文化。蒙古族的传统服饰主要包括蒙古袍、腰带、靴子、配饰等,但因地区不同在式样上有所差异。蒙古族服饰以其独特的风格和精湛的制作工艺,立于我国乃至世界服饰之林而经久不衰。蒙古族饮食文化继承了北方民族饮食文化传统,在保持古老传统的同时也有明显的地方特色。丰富多彩的蒙古族饮食,让人们深切感受到舌尖上的草原味道。蒙古包作为世界传统住居中分布最广、延续时间最长的风土型住居类型之一,在传统民居形态逐步式微的境遇中,仍保持着强劲的生命力而延续至今。蒙古族文物汇集了历代有关蒙古族历史、社会风俗、宗教信仰等方面的精品,为研究蒙古族文化提供了实物资料。精雕细琢的蒙古族工艺品是人们在长期的生产、生活实践中不断创造与积累的宝贵财富。如蒙古族皮画表面浮雕般的立体效果和凝重的风格所形成的视觉冲击力，常令观赏者感到无比震撼，给人耳目一新的艺术享受。蒙古族是能歌善舞的民族，素有"音乐民族""诗歌民族"之称。蒙古民族创作了很多历史文学巨著，其中，《蒙古秘史》被联合国教科文组织确定为世界名著文化遗产；英雄史诗《江格尔》是中国少数民族三大英雄史诗之一；马头琴是蒙古族特有的传统乐器，其艺术特色和魅力彰显于世界民族乐坛之上；天籁之音呼麦和蒙古族长调民歌为世界非物质文化遗产。蒙古族名胜古迹众多，成吉思汗陵、古城遗址、藏传佛教寺院、壮美山川、沙漠瀚海，展示了草原的自然风光和游牧文化遗迹。蒙古族是一个勤劳智慧、勇于探索的民族，取得了许多发明创造和历史、文学、艺术成果，涌现出众多的政治家、思想家、军事家、科学家、历史学家、文学家、艺术家，为丰富祖国光辉灿烂的文化宝库做出了重要贡献。

为了更好地弘扬博大精深的蒙古族文化，辽宁民族出版社组织国内相关领域的蒙古族专家学者编写了这套《蒙古族图典》。全套书分为服饰卷、饮食卷、住居卷、文物卷、艺术卷、工艺品卷、名胜古迹卷、综合卷,共计八卷本。采用图文并茂的形式,深度挖掘蒙古族文化的精髓,展现蒙古民族各个方面的历史原貌,用蒙汉文精简地诠释图片的深刻含义。《蒙古族图典》为蒙古族图片的集大成者,是有史以来对蒙古族图片最大规模、全方位的整理,为读者全面了解蒙古族文化提供了方便。

一段文字,是一种文化现象;一幅图片,是一个历史符号。《蒙古族图典》生动再现了蒙古族悠久灿烂的历史文化,完美展示了蒙古族绚丽多姿的民族风情。

2017年10月

格·孟和 蒙古族,内蒙古师范大学教授,享受国务院特殊津贴专家,现任《中国蒙古学文库》常务总编辑。主要著作有《格·孟和文集》(共13卷),多次荣获国家及内蒙古自治区科研奖。

欧亚草原游牧民族在其漫长的生产生活实践中创造出了以毡包为主，以其他类多种简易住居为辅的传统住居体系。其中，毡包冠以族群名称，成为闻名遐迩的住居形式——蒙古包。蒙古包作为世界传统住居中分布最广、延续时间最长的风土型住居类型之一，在传统民居形态逐步式微、现代居住大量呈现的历史境遇中，仍保持其强劲的生命力而延续至今。因此，蒙古包成为游牧文明的一种活化石。

据文献记载，蒙古包在匈奴时期业已成型，并在之后的历史时期内逐步发展为形态与类型丰富多样的住居形态。从大尺度的宫廷蒙古包到平民所居蒙古包，各时期的蒙古包在尺度、平面、构成、装饰等方面均含多种类型。以宫廷蒙古包为例，元、清等朝代一直以蒙古包作为礼仪场所，并在其尺度、装饰及布局方面形成了严格的礼制规范。大蒙古国时期和元朝的"失剌斡耳朵"与清廷"大蒙古包"是其两个代表类型。然而，宫廷大型蒙古包至近现代已基本失传，代之以王公贵族或活佛所用10~18片哈那蒙古包，其尺度与装饰远逊于前者。蒙古包单纯的民居意义最终显现于近现代。

《蒙古族图典·住居卷》是国内首部出版的以呈现蒙古族总体住居文化史为宗旨的图书。全书由蒙古包及其建成环境、住居体系的沿革、室内空间与秩序、营造技艺、住居装饰象征与信仰五大部分组成。全书客观而真实地展现了内蒙古自治区以及新疆、甘肃等地蒙古族聚居区牧区的生活场景。在住居类型方面，包括蒙古包及木制、生土、砖瓦住居在内的多种居住类型。在室内空间设置方面，既呈现了长久性居住的蒙古包之优雅整洁而温馨舒适的室内空间，又呈现了季节性居住的营地蒙古包之简易朴实而稍显杂乱的室内空间。蒙古人很早便习得各类住居形态的营造技艺，本书展示了蒙古民众亲手营建的生土住居及其具体施工步骤图片，以此补充被学人所忽略的一段草原住居史。

《蒙古族图典·住居卷》以住居民族志方法，展现了蒙古族自20世纪60年代至今50余年的住居文化景观。图片摄影者从未刻意地修饰或改动任何一张图片，故由此增强了本书的原创性与真实性，为广大读者以及建筑学、人类学等多学科领域的学者提供了珍贵的原始资料。

目录

总序	002
前言	006
第一章 蒙古包及其建成环境	010
内蒙古自治区境内的蒙古包	012
国内其他蒙古族聚居地区的蒙古包	044
室外空间设置	050
第二章 住居体系的沿革	068
帐篷类简易住居	070
包式住居	076
生土住居	090
木制住居	104
现代住居	108
新旧并存的住居结构	116
第三章 室内空间与秩序	122
内蒙古自治区蒙古包室内空间设置	124

生土住居室内空间设置	176
第四章 营造技艺	182
蒙古包的制作	184
蒙古包的结构	190
蒙古包的搭建	204
编织技艺	216
固定住居的营造技艺	226
采光与取暖	234
第五章 住居装饰、象征与信仰	240
装饰构件与图纹	242
象征与信仰	252
图片提供者	261
后记	262

第一章 蒙古包及其建成环境

蒙古族自古被誉为"耶斯给-陶日嘎坦",其意为"毡壁人群"。至清代初期,"蒙古勒-格日"之称始见于蒙古文档册,清人西清在其《黑龙江外纪》中,将毡包称为"蒙古包",从而使这一名称享誉大江南北,乃至世界各地。这是世界建筑史上住居形态冠以族群名称的经典范例。

蒙古包是蒙古高原,乃至内陆欧亚草原上历史最为悠久、分布最为广泛、形态最为多样的住居类型。在中国古代文献中常以"穹庐"等词所指代,并且留下北方众多游牧族群丰富的住居文化信息。除文献记载之外，在北方草原岩画、匈奴彩棺、辽代壁画以及元、明、清三朝宫廷画作等古代图卷中，都生动地描绘了以穹庐帐营为场所的游牧人生活场景。结合历史文献与图卷信息可以断定，蒙古包至迟在公元前三世纪业已定型，并在辽、金、元时期达到了顶峰，营造技艺、单体建筑的空间尺度、材料与装饰均已达到很高的水准。

纵观蒙古高原建筑史，蒙古包一直是最具代表性的建筑类型。然而，蒙古包绝非游牧民族唯一的住居类型，在历史长河中游牧民创造了以蒙古包为主，以各类帐幕为辅的住居结构。今日，草原住居文化已有深刻变化，出现了形态多样化发展趋势。探究蒙古族住居文化之原型——蒙古包，以及由它所承载的住居文化在多样化建筑形态中的传承与演变是新时代的一个重要课题。

内蒙古自治区境内的蒙古包

内蒙古自治区境内的蒙古包因历史时期的不同而呈现出不同的地域与部族特点。依据近现代形制，可以将其分为西部、中部、东部三个代表类型。当然，在各类型下面又有多种子类型和交融类型。如中部类型中有杜尔伯特、苏尼特、阿巴嘎等近十种子类型，其形制大致相同，但在构件名称与装饰风格方面具有明显的部族差异。内蒙古自治区境内的蒙古包所呈现的普遍特征为尺度小巧、包体低矮，在现代其结构以插孔式为主。建成环境或各层次的场所营造，以所处自然环境与季节为主要依据，普遍具有并列对齐、崇尚西南区位等共同特征。

苏尼特蒙古包

苏尼特右旗的蒙古包

苏尼特蒙古包的传统形制为哈那数5~6片，单片哈那头数13~15个，轮式天窗，插孔式为主。冬季的蒙古包要覆盖三层包毡。

苏尼特左旗的蒙古包

苏尼特左旗蒙古包的形制、尺度、空间设置与苏尼特右旗蒙古包基本相似。夏季的蒙古包一般使用单层包毡。

冬季的苏尼特牧营地

由 2~4 顶蒙古包 "一" 字排开构成的单排式营地是内蒙古牧区最为常见的聚落格局。

夏季的苏尼特牧营地

牧营地有着明确的选址、朝向与布局秩序。解读营地人居环境是理解蒙古族住居文化的一个关键。

苏尼特蒙古包的正立面

苏尼特蒙古包的右立面

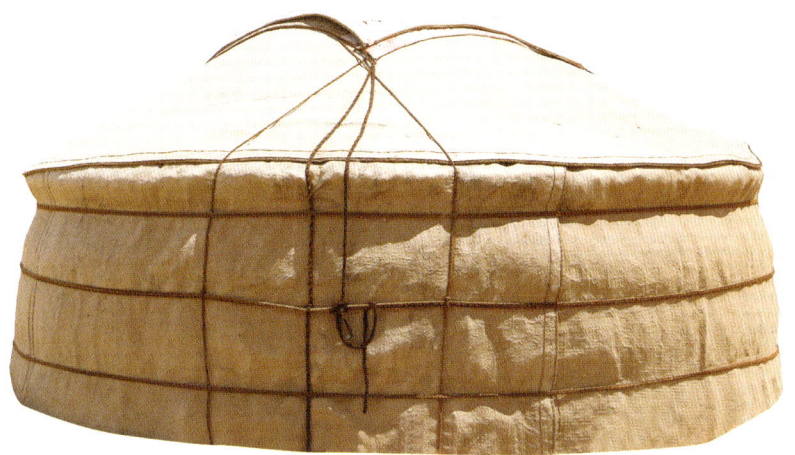

苏尼特蒙古包的背立面

苏尼特蒙古包的左立面

乌珠穆沁蒙古包

乌珠穆沁蒙古包

乌珠穆沁蒙古包的传统形制为哈那数4~6片，单片哈那头数15~18个，轮式天窗，插孔式为主。

乌珠穆沁蒙古包的正立面

乌珠穆沁蒙古包的背立面

由两顶蒙古包构成的牧营地

夏营地由一大一小两座蒙古包构成，一般情况下，大蒙古包为日常起居室，小蒙古包为厨房。

由三顶蒙古包构成的牧营地

由三顶蒙古包组成的营地也是常见的类型。家庭人数、富裕程度及功能需求是影响单位营地蒙古包数量的三大因素。

巴尔虎蒙古包

新巴尔虎左旗的蒙古包

巴尔虎蒙古包的传统形制为哈那数4~6片，哈那木粗实，单片哈那头数为15~18个，架式天窗，整体形态扁平。蒙古包绳索的捆接方式与西部区不同。

新巴尔虎左旗的牧营地

巴尔虎牧民的夏营地通常由1~2顶蒙古包及车辆等附属物构成。牧民在迁移时依然使用传统的勒勒车，然而牵引力已由拖拉机替代。

由毛毡覆盖的蒙古包

巴尔虎蒙古包的覆盖物具有季节性、区域性差异。新巴尔虎左、右二旗的蒙古包一年四季均由毛毡覆盖。

带有柳编围的蒙古包

陈巴尔虎旗的蒙古包在夏季一般要更换覆盖物。外围柳编围的蒙古包是一种常见形式。

芦苇顶蒙古包

在夏季，陈巴尔虎旗的蒙古包一般要更换凉爽的植物编制覆盖物。蒙古包由芦苇顶帘和柳编围构成。

鄂温克芦苇包

鄂温克族自治旗的鄂温克族牧民居住的"芦苇包"，其覆盖物与陈巴尔虎芦苇蒙古包的相似，然而其绳索捆接方式明显不同。

巴尔虎夏营地

巴尔虎夏营地的住居排列形式与蒙古高原其他地区虽无差异，但羊圈则位居蒙古包左侧，这与羊圈通常位居南侧的锡林郭勒诸部完全不同。

布里亚特蒙古包

呼伦贝尔的锡尼河布里亚特蒙古包的传统形制为哈那数4片,单片哈那头数为20个,插孔式天窗,带有多角形天窗毡。

布里亚特小蒙古包

尺度较小的蒙古包通常被当作做饭、制作加工奶食的附属房舍。

布里亚特蒙古包背立面

从布里亚特蒙古包的背面可以清楚地看到其独特的天窗毡形制,多数蒙古地区的天窗毡为正方形,而布里亚特天窗毡呈多边形。

布里亚特蒙古包的侧窗

在蒙古包门框内安设侧窗的做法在乌珠穆沁与布里亚特牧区较为常见,乌珠穆沁人一般使用双侧窗,布里亚特人多使用单侧窗。将窗与门合为一体可以增加包内采光度。

杜尔伯特蒙古包

杜尔伯特蒙古包的传统形制为哈那数5~6片，单片哈那头数为12~15个，插孔式天窗，形制与苏尼特蒙古包几乎无差异。

杜尔伯特冬营地

20世纪70年代出现生土住居与蒙古包并置的营地景观。蒙古包成为储藏室或由老人居住的房舍。冬营地的羊圈由羊粪砖砌筑。

额济纳土尔扈特蒙古包

　　属于蒙古包谱系中的西部类型，或称突厥式蒙古包。其形制与构件名称与中亚各族的毡包非常相似。传统形制为哈那数5~8片，单片哈那头数为15，"十"字形天窗，插孔式为主。

胡杨树下的蒙古包

土尔扈特蒙古包近年的变化较大，受到喀尔喀蒙古包的影响，包体由高耸变为低矮。乌尼杆由底部弯曲变为完全顺直。只有天窗保持了古老的中亚风格。

定居院落中的蒙古包

将蒙古包搭建于固定院落中，作为接待宾客的仪式用房或储藏室的做法盛行于额济纳蒙古人中间。

巴林蒙古包

巴林蒙古包

巴林蒙古包的传统形制为哈那数4片，单片哈那头数为18~20个。捆接式天窗为主。

带有传统木门的巴林蒙古包

双扇木板门是一种传统构件。巴林高山牧场具有丰富的木材资源，至今传承着制作蒙古包木架构的传统技艺。

巴林蒙古包的斜后方

夏天掀起哈那围毡，使凉风吹进包内，并与包外保持通透关系是蒙古包的一种传统特性。

地灶

夏天在室外挖地设置地灶，用于熬茶做饭。搬迁时回填土坑，保护草原植被的完整。

巴林夏营地

在一棵树旁扎营,可以将树作为天然凉爽的拴马桩。

阿鲁科尔沁蒙古包

阿鲁科尔沁蒙古包

阿鲁科尔沁蒙古包的传统形制为哈那数4片，单片哈那头数17~20个，捆接式天窗为主。

阿鲁科尔沁蒙古包正立面

阿鲁科尔沁夏营地

阿鲁科尔沁旗北部牧区多为高山牧场,牧民依据地形条件,将营地扎在平缓的小台地上,羊圈设在门前数10米处。

近距相邻的夏营地

由两户间隔适度距离构成的营地格局是较为古老的形制。在许多生活生产环节，可以相互照应与合作。

阿鲁科尔沁夏营地

阿鲁科尔沁高山牧场

牧民在山下定居村落与高山牧场间往返迁移。在夏季通常以分散而居的形式从事畜牧业生产。

扎鲁特蒙古包

扎鲁特蒙古包

扎鲁特蒙古包的传统形制为哈那数6片，单片哈那头数为13个，捆接式天窗。内围绳由多节弯形柳木替代。

扎鲁特夏营地远景

夏营地有时设于高台地，其优点为气候凉爽、蚊虫少、视野广。

作为陶布的蒙古包

陶布为放牧、看守田地的临时住居，原先多以草木搭建的窝棚充当。近年，一些牧民开始以蒙古包作为陶布。

扎鲁特夏营地

扎鲁特夏营地多由单个蒙古包及附属简易设施构成。门前立有开叉式拴马桩，羊圈设于门前数十米处。

国内其他蒙古族聚居地区的蒙古包

新疆维吾尔自治区、甘肃省、青海省境内蒙古族聚居区是蒙古包的主要传承区域。新疆维吾尔自治区巴音郭楞蒙古自治州、博尔塔拉蒙古自治州、塔城地区和布克赛尔蒙古自治县境内的蒙古人主要使用土尔扈特蒙古包。青海省海西州及黄南州河南蒙古族自治县、甘肃省酒泉市肃北蒙古族自治县境内的蒙古人主要使用和硕特蒙古包。上述两种蒙古包之形态、结构与装饰因融合了本民族与中亚各族以及藏族文化因素，故形成了独具特色的地域风格类型。其建成环境或各层次的场所营造以所处自然环境与季节为主要依据，故因地而异。

第二章 蒙古包及其建成环境

土尔扈特蒙古包

新疆巴音布鲁克草原营地

新疆土尔扈特蒙古包

土尔扈特蒙古包属于蒙古包谱系中的西部支系，或称突厥式蒙古包类。包体高耸，带有中心隆起的十字形天窗。主要形制为：哈那数5~6片，单片哈那头数为13~15。

新疆土尔扈特
蒙古包背立面

和硕特蒙古包

甘肃和硕特蒙古包

和硕特蒙古包属于蒙古包谱系中的西部支系，故其形制与土尔扈特蒙古包相似。主要形制为哈那数4~6片，单片哈那头数为13~18。

甘肃肃北草原营地

室外空间设置

蒙古包的室外空间是一个秩序明确的微环境，由蒙古包统领的牧营地场所由勒勒车、拴马桩、栅栏、棚舍等多种设施和粪堆、灰堆构成。这些设施所处的方位、布局及其与住居间的距离均反映着统一的规定与事先的考虑，而非随意的罗列。比起蒙古包本身显著的地域与部族差异，其室外空间的设置在蒙古各部具有高度的统一性。如勒勒车连贯停放于住居北侧10余米处，拴马桩位居西北上风处等。在由2~3户组成的传统浩特营地中羊圈处于中心位置，而人居蒙古包则在其北侧呈弯形布局状环绕搭建。蒙古包室外环境的设置充分体现了牧民的场所理念与生活习俗。

牧营地

牧营地是草原牧区最基本的聚落单元，通常由一户或两户构成一个牧营地。营地由住房、棚圈、车辆三种基本设施组成。所有设施的方位、朝向均有明确规定，所有的设施共同构成了草原人居环境体系。

牧营地牲畜棚圈

图中的砖房是牲畜棚圈，一大一小两个蒙古包是住居。聚落设施的设置因部族、地域不同而有一些区别。在苏尼特草原，羊圈一般位居住居之南或东，且至少要有20多米的间距。

牧营地拴马桩

拴马桩必须位居住居的西北侧。蒙古人崇尚马，故将拴马桩设于西北上风处，而忌讳将拴马桩设于下风处，因为那样会使污秽物沾染马匹。

拴马桩

蒙古地区有单杆、双杆拉绳式两种拴马桩。双杆拉绳式简称拉杆式拴马桩。一些牧民在平常将长绳子收起,而只有在节庆时期才将其拉上。

拴马桩上的臭鼬

牧民认为臭鼬能除百病，将其拴在拴马桩上能够祛除马病。

苏尼特牧营地拴马桩

苏尼特牧营地的拴马桩位居房屋西北数十米处。

位于住房正南的拴马桩

在察哈尔牧区，拴马桩通常位于住居正南。

勒勒车

布里亚特牧营地

在布里亚特和巴尔虎牧营地，勒勒车必须连贯停放于住居正北处。

布里亚特勒勒车

布里亚特勒勒车有箱车、篷车、水车等多种类型。图上的后两种类型为古老的木车。

巴尔虎勒勒车

巴尔虎勒勒车车轮直径较大。自20世纪70年代开始,传统的木制车轮被更换为铁制轮圈。

布里亚特篷车

对于牧民而言,勒勒车是存放货物的重要设施。勒勒车有供人乘坐的篷车、放置货物的箱车、搬运蒙古包的杭盖车等多种类型。此辆车上安装了铁炉。

乌珠穆沁勒勒车

勒勒车在乌珠穆沁草原使用至20世纪末。21世纪初以来,勒勒车被遗弃于营地一边成为储存箱和拴马桩。

乌珠穆沁箱车

传统的乌珠穆沁箱车是箱柜与车辆的结合物。箱子为长方形木板箱,通常外罩毛毡,并用马尾绳加固。

棚圈与粪堆

察哈尔浩特

察哈尔浩特一般由3~7户牧民聚居而构成。人们选择沙漠中平整的小块盆地为聚居区，并以沙柳编制栅栏，构成具有一定景观效果的聚落场景。牧民以养牛为主，故堆放整齐的牛粪堆成为察哈尔浩特中最为重要的聚落因素。

柳编墙内的牛粪

牧民用沙柳编织围墙,并在里面整齐堆放牛粪。柳编墙可以有效保护牛粪不至于被践踏,并具有透风作用。

羊粪砖堆

与牛粪一样,羊粪砖也是牧区的主要燃料。将其堆放在浩特南部较远的地方,待其干透后运回营地当作燃料。

长方形牛粪堆

在住居北侧堆砌的一条条牛粪堆是一户察哈尔牧民勤劳殷实的象征。为了防止风化，常用湿牛粪对其进行整体涂抹。

圆锥形牛粪堆

呼伦贝尔牧区的牛粪堆呈圆锥状。牛粪堆的数量成为判断一户人家畜群数量的依据。

羊粪砖砌筑的羊圈

在内蒙古中部牧区，羊粪砖是砌筑羊圈、院墙的重要材料。

柳编羊圈与水井

柳条是额济纳至兴安林广阔草原上牧民用于编制羊圈及栅栏的传统材料。图为额济纳牧区的柳编墙。

胡杨树荫下的枯木枝羊圈

使用梭梭、胡杨等树木的干枯树枝搭建羊圈与棚舍，甚至是简易住居的做法由来已久。在额济纳牧区，牧民将羊圈搭建于胡杨树荫下，形成凉爽的小气候。

住居环境习俗与其他设施

蒙古包的选址

蒙古包要搭建于背靠山岳或丘陵，朝向视野开阔的平整之地。包门对向东南方，即蒙古方位之南向。包门忌讳朝向高山、红色土地之处。若在营地正南有河流横流，则被视为吉祥区位。

苏勒德

苏勒德祭祀台是鄂尔多斯蒙古族住居的标志性设施。苏勒德祭祀台必须设于住居之正南。

尚右的住居习俗

几乎在所有蒙古族地区,年长者或供奉佛龛的蒙古包必须位居右侧,右侧即上位。

立于院落中的苏勒德

苏勒德祭祀台多数时候设于院落中。图为内蒙古乌审旗的一户蒙古人家院落。

立于院外的苏勒德

苏勒德祭祀台有时设于院落外。图为内蒙古伊金霍洛旗的牧民院落。

第二章 住居体系的沿革

　　根据蒙古史所反映的古代生活信息，可以确定穹庐毡帐并非是蒙古人唯一的住居形式。清代出现的蒙古包称谓是对一种类型和结构丰富多样的建筑形态的统称。宋人所记穹庐有燕京之制、草地之制的信息便说明了蒙古包类型之多样性。

　　至近现代，蒙古族住居的多元性特点日趋显著。与周边区域的文化互动促使蒙古人逐渐掌握了其他类住居形式的营造技艺，中原土房、俄式木屋、中亚平顶屋等住居形式被移植到蒙古高原，同时也呈现出融合本土与外域住居因素的独特住居形式。从住居发展史上看，近现代内蒙古境内的蒙古族住居经历了由蒙古包、生土住居、砖瓦房、各式现代住宅渐次过渡的清晰历程。在这期间，住居材料、形态、室内布局均有明显的变化。

当前，蒙古人的住居体系从原来的以蒙古包为主，各类帐篷与简易住居为辅的传统格局逐渐过渡到了以各式现代住居为主，以蒙古包与其他住居形式为辅的格局。蒙古包本身也在尺度、材料、形体等方面发生了深刻变化。蒙古包的地域性、部族性特征逐渐淡化，代之以一种普遍的形态与程式出现。因此，搜寻并研究蒙古族住居体系，梳理其沿革路径是极具深远意义的工作。

帐篷类简易住居

蒙古族传统住居体系由蒙古包与各类帐篷类简易住居构成。蒙古包是主要的住居形态，但牧民在日常生产实践中并非以蒙古包作为唯一的住居形式，而是以更加轻便简易的帐篷作为辅助型住居。蒙古族帐篷类简易住居有以蒙古包构件搭建的临时住居与其他类帐篷等两种类型。前者从蒙古包乌尼、哈那、天窗等三大木构件中任选两件或一件搭建而成，而后者具有各自独立的形制。仅从尺度而言，最小的帐篷"照德格尔"只能容纳一人，而最大的帐篷"察察尔"则能够容纳数百人。帐篷类简易住居亦有帐篷类与棚屋类两种子类型，近代内蒙古地区的固定包式住居是后者的一种特殊类型。

哈那棚

斜靠两片哈那再覆以围毡的哈那棚是较为常见的简易住居形式。哈那棚能够容纳两个成年人一起休憩。

哈那棚的结构

牧民在打草、短途游牧时经常携带两片哈那及一块围毡用于搭建哈那棚,以备临时栖居。

西提木房

用3片哈那和少量乌尼搭建而成的简易住居被土尔扈特人称为"西提木格日"。西提木房是利用蒙古包残旧构件搭建的一种简易附属住居。

切金房

由蒙古包天窗和乌尼构成的简易住居。切金房的乌尼要比通常蒙古包长。

苏金博合房

苏金博合房是蒙古包的下半部分，即由哈那与门框组成。牧民在营地旁搭建苏金博合房用于储物或圈小羊羔。

大哈那棚
　　一种较为常见且容积较大的哈那棚由四片哈那构成。通常可住2~3人。

呼伦贝尔草原上的车载住居

车载毡包是13世纪的特殊帐幕类型之一。至近现代，除成吉思汗陵的驼车载运毡包之外无其他相关记载。进入工业化时期，机动车辆与简易住居的结合导致一种新型移动式住居的产生。呼伦贝尔草原上的牧民将营地住居安置于拖拉机的拖车上，跟随牧群迁移，创造了新式车载住居。

包式住居

平面呈圆形，具有穹顶，形似蒙古包，却在结构与材质方面与蒙古包完全不同的住居被称为包式住居。包式住居具有类型多样、结构灵活、历史悠久、分布广泛、多数不可移动等特征。在近代，内蒙古各地都曾有过柳编包、生土包等包式住居，故容易被人理解为是一种从蒙古包过渡至固定住居的中间形态。其实，在蒙古族住居史上很早便有包式住居。在近代鄂尔多斯、察哈尔、巴林等拥有丰富的柳树资源的地区曾普遍使用过柳编包，其墙体有柳编和土坯砌筑两种类型，但屋顶只有柳编一种。这一被称为"布霍"或"本布根格日"的柳编包是最具典型意义的包式住居。

柳编包

布霍房

柳编包被察哈尔人称为"布霍",原昭乌达盟诸部蒙古人多称"本布根格日"。柳编包形制多样,通常有整体式与加盖式两种基本类型。图为整体编制的大尺度布霍房。

布霍房侧立面

布霍房的墙体有柳编和土坯砌筑两种,但墙面材料有稀泥、牛粪、毛毡等多种类型。

布霍房的门

布霍房门的尺度和门槛的高度与传统蒙古包低矮的门相同。

布霍房的天窗

与传统蒙古包不同的是布霍房可以自由设置壁窗。图为布霍房的天窗。

与蒙古包并排搭建的布霍房

布霍房的尺度与五哈那蒙古包相似。但柳编包的尺度通常要小于蒙古包。

盖式布霍房

最为常见的布霍房是盖式布霍房,即先编制围墙,后加盖屋顶,再抹上湿牛粪。

苏尼特布霍房

除位于浑善达克腹地的察哈尔牧区之外,位于沙漠边界的苏尼特牧区也使用布霍房。

柳编盖土坯包

土坯包的屋顶与墙体有多种做法。图中土坯包的墙体由土坯砌筑，房顶由柳编棚加盖而成。

柳编敖包

在浑善达克沙漠深处,牧民用柳条编制牛粪框、布霍房,甚至还编制神圣祭祀物——敖包在内的很多器具。

棚布霍

用于储存奶食和肉的储物箱。在夏营地,牧民将其置于四脚架上,以免牲畜和鸟类捣毁食物。此器物有风干乳制品和肉食品的极佳效果。

牛羊圈

察哈尔地区的柳编牛羊圈依据其编制技艺与用途被分为西博和若、江巴和若、大若和若等若干种类型。

本布格日

小尺度的柳编房，用于放仔畜。图中左侧的为牛犊棚，右侧的为羊羔棚。

固定包

土坯包

土坯包的出现是住居文化变迁的一种结果。土坯包虽不多见，但是从额济纳至巴尔虎的广阔区域都有其踪影。土坯包在传承蒙古包的圆形平面、空间尺度之外，在材料、采光、结构方面已有很大变化。

土坯包的背立面

粮仓

粮仓与泥草包虽尺度不同，但形制完全相同。前者只设一方形口，后者设门。

砖包

20世纪90年代末，牧民自己营建的砖砌包。图中带有阳光间的房子是后建的新房。牧民在使用新材料营建住居时，选择了蒙古包的建筑形制。

组合型包式住居

主屋侧立面

组合型包式住居的斜前方

组合型包式民居（一）

在平面呈圆形的起居室一侧加筑一间平面呈矩形的小屋构成的组合型包式民居是较为独特的住居形式。图为浑善达克沙漠深处的住居。

组合型包式民居（二）

呼伦贝尔草原上的组合型包式住居。此类住居一般由外来移民建造，多作为冬营地上的固定住居。

组合型包式
住居的主屋
斜后方

组合型包式住
居的右前方

生土住居

生土住居在蒙古高原上的出现可以追溯至很早的时期，然而其大量出现是在近现代。16世纪始出现于土默特平原与西辽河流域的"板升"是蒙古地区最早的生土住居之一。随着农耕文明的传入，内蒙古南部农牧交错区域出现了各式生土住居及聚落。生土住居的出现作为一种文化传播实践，并非以简单的移植形式得以完成，而是以文化涵化的形式被当地所接纳。内蒙古地域辽阔，生土住居的风格形态也多种多样。西部的圆顶土坯房、东部的夯土车辖辘房是最具典型意义的两种形态。20世纪60年代以来，生土住居开始传入内蒙古北部牧区，成为牧营地定居化发展的重要因素。

圆土房

圆土房正立面

圆土房背立面

圆土房

圆土房平面呈正方形，屋顶呈圆形，是20世纪70年代至90年代流行于内蒙古中部牧区的一种生土住居形式。

单间圆土房

圆土房适于缺乏木材的戈壁牧区。其形制简易,组合形式与室内格局丰富多样。

单间圆土房的斜前方

单间圆土房的背立面

双间圆土房

双间圆土房可以被设置为里外两间的单体住居。由于木材的短缺而被设置为双屋顶。

三间圆土房

圆土房有单间、双连式、三连式等三种基本形式。每间设一门一窗,室内可以设门互通。

坡屋顶土房

杜尔伯特牧民的冬营地

一个位居戈壁深处的杜尔伯特牧户的冬营地,由坡屋顶正房、双连式圆土房及中间的羊粪砖砌筑的羊圈构成。此图片及之后的两张图片为一户人家的不同营地。

杜尔伯特牧民的夏营地

畜群迁往冬营地之后闲置的夏营地。房屋由正房及两侧的伙房、草料房组成。

设于苏木驻地的住居

为了抵御风寒，牧民将土房南壁用砖砌筑加厚。

乌拉特土房

位居沙漠深处的乌拉特后旗一户牧民的土房。

土房侧立面

近似于平顶的微度坡屋顶是乌拉特土房的显著特点。

加建的后间

加建于正房后的后间具有保暖与储物的双重功能。

土房斜前方

土房右立面

土房斜后方

杜尔伯特土房

坡屋顶土房有前出水与后出水两种屋顶形式。图片中的土房屋顶呈后出水形式。

苏尼特土房正立面

土房右侧砌有半堵墙用于防风、沙和雪。

苏尼特土房背立面

用草坯砌筑的房屋

20世纪70年代,在内蒙古锡林郭勒盟、赤峰市南部牧区出现了用沼泽地里的草坯砌筑的房屋。

敖汉车辘轳房

车辘轳房又称车辘轳圆,源自其屋顶的圆弧形式。这是内蒙古敖汉旗北部农牧交错带的车辘轳房。

车轱辘房墙体的收分

内蒙古敖汉旗北部的车轱辘房墙体有明显的收分。

车轱辘房的门

巴林车辎辘房

内蒙古巴林左旗南部农牧交错带的车辎辘房。墙体为夯土墙，故又称干打垒土房。当地的蒙古族熟练地掌握了干打垒土房的营造技艺。

阿鲁科尔沁车辎辘房

内蒙古阿鲁科尔沁旗中部牧区的车辎辘房。墙面用水泥涂抹，四角由砖砌筑。

草顶房

土墙上的芨芨草

在墙上插满芨芨草是巴林右旗南部牧区住居的一种独特景观。墙上的芨芨草起着美观与防风的双重作用。

巴林草顶房

内蒙古巴林右旗南部牧区的草顶土房。

木制住居

在蒙古高原上的海拉尔河、斡难河流域等树木资源丰富的区域，曾有过使用木材建造房舍、栅栏与城墙的营造实践。木制住居的类型丰富，形态多样。在蒙古地区主要有圆木房、木板房及板夹泥房等三种类型。最早大量使用圆木房的部族为布里亚特、巴尔虎等部族。受俄罗斯木刻楞的影响，部分布里亚特人于19世纪中叶开始使用木板房。至20世纪中叶木板房成为继蒙古包之后的布里亚特地区第二大住居形式。20世纪60年代在内蒙古东部林区开始出现的苇笆房、板夹泥房等住居类型是木制住居的一种特殊类型。

木制现代蒙古包

　　木制大蒙古包，又称格日式固定木制建筑。在17世纪至20世纪前叶，曾在蒙古地区藏传佛教寺院中被广泛使用。近年来，木制大蒙古包已逐步进入草原牧区，成为草原住居多样化发展过程中的一种显著类型。

板夹泥房

20世纪60年代至90年代，在兴安林区域有少量蒙古人习得建造板夹泥住居的技艺。

带有门斗的苇笆房

在内蒙古呼伦贝尔市以及兴安盟的林区有少量蒙古人居住于苇笆房。其墙体为木板夹苇笆，墙面为泥，角柱承重。

现代住居

20世纪90年代以来，内蒙古牧区普遍出现新建砖瓦房的热潮。砖瓦房迅速替代了已延续数十年的生土住居，成为草原主要的住居类型。进入21世纪，砖瓦房又有了新的发展趋势。这一趋势主要体现于外部形态、建筑材料、室内格局、取暖方式、住居理念等方面的变化。高耸的大屋顶与绘有民族图案的墙体是外部形态的显著变化。室内格局一改原来的"一进两开"开间式并排格局，逐渐向综合具备餐厅、起居室、卫生间等多重功能的格局转化。现代地热采暖技术被普遍应用于现代住居中。小洋楼、复式住宅的出现是牧区现代住居最为显著的一种发展现象。

额济纳砖瓦房

从20世纪90年代始,在内蒙古各地相继兴起建造砖瓦房的热潮。图为内蒙古额济纳旗的砖瓦房。

乌拉特新式住居

进入21世纪,内蒙古牧区的住居形态又出现了新的变化。原来的三至五开间砖瓦房由具备新式布局的住居所替代。室内设置有客厅、卧室、餐厅、卫生间的新式住居开始盛行于牧区。

杜尔伯特新式住居

墙体绘有民族图案的小面积现代民居。

杜尔伯特新式住居斜前方

苏尼特新式住居

在一些居住相对集中的牧业聚落中,牧民在其新式住居外面修建了栅栏。

阿鲁科尔沁新式住居

牧民在其住房正面加建阳光房,作为保暖设施。其院落整洁,住宅旁设有草围栏。

西乌珠穆沁旗牧民的别墅

近年开始出现于内蒙古牧区的别墅是最为显著的草原住居变迁现象。

沙袋住居

随着草原住居体系的多元化发展与外来建筑形式的广泛传播,在内蒙古牧区呈现出一些注重生态节能的简易住居形式。建造于牧区的沙袋建筑虽十分少见,却说明了一种住居体系多样化发展的新迹象。

沙袋住居的客厅

沙袋住居的平面形式多呈圆形。设有大窗户的客厅在传承了传统住居的圆形平面之外，体现了现代住居风格。

新旧并存的住居结构

住居的更新与发展并非以新式住居对传统住居的简单替代得以完成，而是以多种住居形式的并存作为其首要特征。在内蒙古牧区，以个户为单位的牧营地最为显著的景观特征便是多种住居的并排共处。蒙古包虽历经了多次的住居变革却依然挺立于牧营地，成为牧区最为重要的住居形式之一。牧民将蒙古包搭建于新式住居一旁，用于日常起居，接待宾客之用。在短途游牧与打草季节将蒙古包作为便携式移动住居来使用。牧民用红砖外包原先的生土住居，并将其作为厨房或仓库使用。砖瓦房作为主要住居，成为整个牧营地的中心。

三种住居形式的并置

在一个苏尼特冬营地,古老的蒙古包、20世纪80年代修建的土房、20世纪90年代末修建的砖瓦房并置于一排,见证了内蒙古草原牧区住居发展史。

牧营地的远景

在一处牧营地内齐聚蒙古包、砖包土坯房、砖瓦房、草料棚、彩钢顶棚圈等设施，构成了一片规模不小的单户聚落。

蒙古包与储物室

用车架充当的储物室。搬迁时将车架装在大车上,用来搬运牲畜。图为苏尼特左旗的一处夏营地。

蒙古包与外置厨房

由两顶蒙古包分担日常起居与饮食加工的做法是牧区传统的住居设置方法。在单个蒙古包营地,常以外置地灶或简易帐篷承担后一功能。

蒙古包自身的变化

铁制蒙古包框架

近10年来,铁制蒙古包开始出现于内蒙古牧区。铁制构件基本模仿了传统木架结构的式样。然而,其变化空间是巨大的。铁制蒙古包室内空间较为宽敞,墙壁高于传统蒙古包。

铁制蒙古包与传统蒙古包

在一处营地,并排搭建一铁一木两顶蒙古包,已成为今日内蒙古牧区的普遍现象。比起铁制蒙古包,传统木制蒙古包的形体更加圆润,富有韵律感。

第二章 室内空间与秩序

室内空间的设置反映着居住者的生活秩序与生存愿景。室内空间是一个民族文化生活的缩影，其中凝结了居住群体的宇宙观、价值观及人生观。环视蒙古包室内小尺度的圆形空间，少量而小巧的几样家具、悬挂于哈那上的器具、纹路精美的毡垫与挂帘一同构成了室内的全部景象。其给予人的总体印象是简易而便捷，但不乏舒适与优雅之感。

蒙古包的形制差异并非只在于其外部形态，也体现于室内空间的设置与由此形成的行为秩序方面。各地域、部族的蒙古包在保持空间划分与方位认同之一致的前提下，在家具摆设与空间利用方面形成鲜明的差异。蒙古包圆形平面的右半部分为男士区位，左半部分为妇女区位；上半部分为崇高的区位，下半部分为低微的区位。这种排位已成为一种习惯。这一空间的性别与社会属性基本决定了室内器具的摆放位置，如木床的使用与设置区位方面每个部族都不同。内蒙古地区的锡林郭勒盟各部均不使用单人木床，而阿拉善盟额济纳旗、呼伦贝尔市巴尔虎、布里亚特等部均使用单人木床，且摆设方位不同。

在蒙古族住居文化产生深刻变迁，蒙古包从主要住居变为辅助性住居的现代时期，历经数千年而形成于毡房中的游牧民之空间秩序与文化偏好，在某种程度上，被移植于其他类住居形式中的问题已成为最值得关注的课题。解读新式住居形态中的传统住居文化理念与核心价值，成为当前住居文化研究者、设计者的一项重要任务。

内蒙古自治区蒙古包室内空间设置

蒙古包室内空间的基本秩序在蒙古各部具有高度的一致性。蒙古包室内圆形空间被分为左右、上下两组以及中央共五个区位，每个区位的文化意义各不相同，故影响了室内家具摆设及行为规范。室内中央区位为神圣的火撑区位，一般用正方形木格加以限定。其右侧为男士区位，左侧为女士区位，后侧为上位，前侧为下位。今日内蒙古地区蒙古包室内空间格局大致有东、中、西三种代表类型，三种布局因主要家具及起居习俗的不同而具有显著差异，然而，其基本秩序与理念是相同的。当然，蒙古包室内空间也因季节、居住时间的长短及主要生产目的等因素而具有灵活多变的特征。

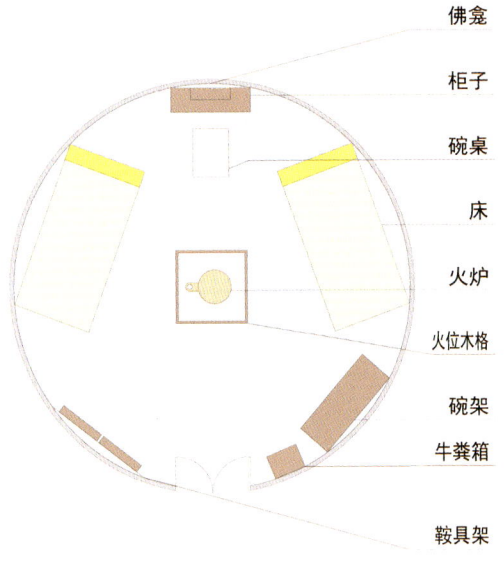

蒙古包室内布局的西部模式

代表性部族为额济纳土尔扈特部。位居室内两侧的木床向摆放佛龛的上位靠拢。

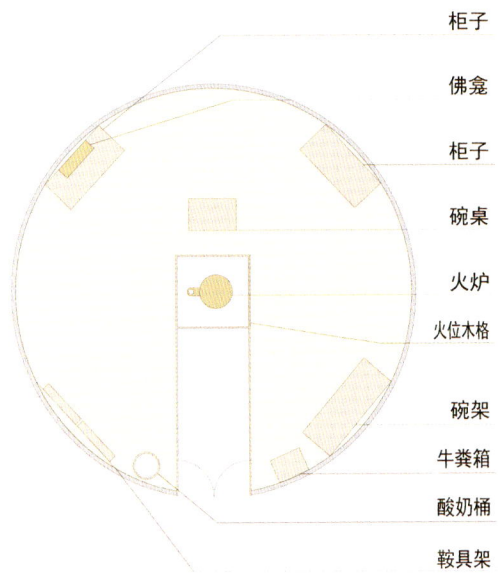

蒙古包室内布局的中部模式

代表性部族为杜尔伯特、苏尼特等部。原来室内不铺设床，但自20世纪70年代以来，也开始铺设半圆形低矮的木床。

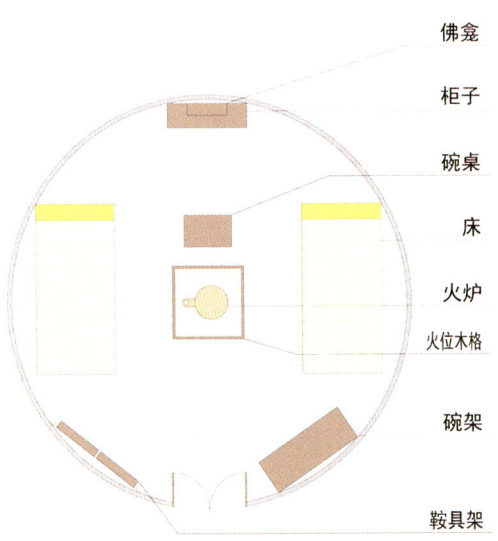

蒙古包室内布局的东部模式

代表性部族为巴尔虎、布里亚特等部。室内铺设两张平行对称的木床。

苏尼特蒙古包室内空间

苏尼特蒙古包

入门处木板

铺设于门至方形火位木格的条形木板是古老的器具。这一木板是铺设于蒙古包地面的唯一一块木板。冬季在木板上铺垫牛犊皮或毛毡。

苏尼特蒙古包室内布局

室内左上角及右上角各置一个木柜，室内布局讲究对称。依据器物摆设方位可以将室内空间分为西南、西北、正北、东北、东南五个区位。地面仅铺有两层毡垫。

苏尼特轮式天窗

轮式天窗的十字形骨架是划分室内空间的重要参照物。骨架由主梁和诺颜梁构成,其中主梁必须指向门楣中心。

苏尼特蒙古包内西南区位

西南区位是摆放男性常用器具之传统区位。现在,这种区位划分已不是很明显。

苏尼特蒙古包内西北区位

西北区位是摆设佛龛的最具神圣意义的传统区位。现代,虽有一些变化,牧民还是将珍贵的银马鞍、马烙印等器具摆放在这一区位。

苏尼特蒙古包内正北及东北区位

正北区位通常是空设的，东北区位的箱柜内一般存放妇女首饰等珍贵器物。

苏尼特蒙古包内的东南区位

东南区位为妇女熬制奶茶、做饭的专用区位，常用的炊具、水缸均位居这一区位。

苏尼特蒙古包内的火炕

蒙古包室内设施中最显著的一种变化是火炕的引进。牧民在蒙古包室内的上半部分修筑了半圆形火炕。

一家牧户的三个毡包

三顶蒙古包各有不同的功能。右侧两顶蒙古包为六哈那蒙古包,供日常起居使用;最左侧的蒙古包为五哈那小蒙古包,供牧人存放货物之用。

招待客人的毡包

右面第一顶带有红色门帘的毡包为招待客人的蒙古包。室内装饰温馨典雅，是专供招待或留宿宾客的住居。

家人所居毡包

中间的毡包为一家三口人所居蒙古包。室内装饰普通，但十分整洁。日常起居、餐饮均在此包内进行。

储存货物的毡包

左面第一顶毡包为储藏货物的仓库，往往由陈旧的毡包充当。

待客蒙古包内西南区位

蒙古包西南区位摆放着祭祀桶、书本等牧人认为崇高的物品。

待客蒙古包内正北区位

正北区位通常是空设的，但在哈那墙上经常悬挂一些在牧人看来珍贵的画像与照片，以此修饰这一区位。

蒙古包的区位划分

在所有的蒙古地区，蒙古包内的右侧为男主人区位，左侧为女主人的区位。其坐姿也不同。

三代同堂蒙古包室内场景

在一处苏尼特左旗夏营地,一家三代人共居一包。为了照料小孩儿,在室内正北处放置一张床,将小孩放在上面以便照看。

熬茶时照看孩子的母亲

蒙古包的东南区位为女性活动区位。火灶口也朝向东南。母亲在熬茶期间不时地照看着拴在正北处的孩子。

被拴在木柱上的孩子

将小孩儿拴在室内哈那或木柱上的做法具有古老的传统。牧民一般用长长的蒙古袍腰带将小孩拴在哈那上,以免小孩儿触碰危险物品。

蒙古包室内布局

蒙古包室内摆放了新式三面环绕形木床。但室内格局、区位划分完全遵守了传统的苏尼特蒙古包形制。然而,冰柜、电视机等现代设施对传统布局的影响也是十分显著的。

喇嘛所居蒙古包

蒙古包门右侧插有风马禄旗,以示家庭主人的特殊身份。蒙古包木门的组合也说明了这一蒙古包非凡的属性。单扇门内设置向内开启的双扇门是一种古老的形制。

蒙古包内西南区位

此区位为男性放置用具的区位。除了在哈那上悬挂马笼头、马嚼子等用具之外，主人将自己的摔跤服叠放后挂在乌尼上，以示这一区位的属性。

蒙古包内西北区位

西北区位为尊贵的区位，主人将佛龛置于木柜上。前置经文，其西侧哈那挂有佛像。

蒙古包内正北及东北区位

在方形火位正北处放一张方形炕桌,北哈那上悬挂成吉思汗画像,营造了神圣的主人区位或尊贵的上位。

蒙古包内东南区位

东南区位设有一个传统的碗架,并悬挂一张花布帘,遮挡了摆设其内的锅、盆等器具。

乌珠穆沁蒙古包室内空间

乌珠穆沁牧营地

乌珠穆沁蒙古包室内布局

乌珠穆沁蒙古包的传统设置与苏尼特蒙古包相近。其正北区位为空设的开敞区位，两侧对称放置家具。

乌珠穆沁蒙古包内左半侧区位

蒙古包室内左半区位为妇女区位，但在一些现代家庭这一区位属性并不很明确。一对古老的挤奶桶表明了这一区位的传统属性。

作为客房设置的华丽蒙古包

一些牧民在其所居蒙古包近旁搭建了专供客人休息的蒙古包，其室内装饰华丽典雅，区位设置也基本延续了传统的划分。

博所居蒙古包

在西乌珠穆沁旗的一处营地内，一位博（即萨满）在其起居用蒙古包右侧另搭建一顶供放神圣器具的蒙古包。

蒙古包内西北区位

仪式所用鼓和服装悬挂在乌尼上或叠放于箱柜上。

蒙古包内正北及东北区位

仪式所用盔甲与乐器、神灵摆放于室内正北及东北区位。

蒙古包内西南区位

将两双靴子摆放在蒙古包西南区位入门处，以示这一区位的传统属性。

蒙古包内东南区位

在博所居蒙古包内无须设置妇女区位，故在东南区位摆放了一些琐碎的日常用具。

巴尔虎蒙古包室内空间

巴尔虎蒙古包

巴尔虎蒙古包内西北区位

新巴尔虎左旗一处夏营地蒙古包内摆放了单人床与简易的设施，使得蒙古包传统的区位划分并不很明显。

巴尔虎蒙古包内正北及东北区位

在此蒙古包室内正北靠哈那处摆放了一件现代蒙古式家具，其上有电视机及其他简易设施。

巴尔虎蒙古包内东南区位

在简易的夏营地蒙古包内，妇女所用器具依然摆放于东南区位，体现了蒙古各部高度一致的区位划分传统。

巴尔虎蒙古包内左半侧区位

床是巴尔虎蒙古包室内的关键设施。左右对称放置的两张单人床基本限定了包内起居格局。

巴尔虎蒙古包内西南区位

在蒙古包的西南区位摆放碗柜或牛粪篓的现象也偶尔见于夏营地蒙古包内。

巴尔虎蒙古包内晾晒羊肉干

将多余的乌尼杆横架在屋顶，再将切割成细条状的羊肉挂在上面是夏季储存肉的传统办法。少量的肉干可以直接挂在东南角的哈那上。

布里亚特蒙古包室内空间

布里亚特蒙古包内正北区位

蒙古包室内正北处为放置佛龛的神圣区位。在佛龛两侧摆放箱柜，其南放置一张桌子成为最具典型意义的设置。

布里亚特蒙古包

布里亚特蒙古包内西北区位

一位老人坐在蒙古包室内西半区位的床上。不在夏营地蒙古包地面铺设毡垫，露出天然的植被是布里亚特蒙古包的一大特点。

杜尔伯特蒙古包室内空间

杜尔伯特蒙古包

杜尔伯特牧区一家人

蒙古包低矮且圆形的室内空间使日常起居方式具有了一定程式性。节庆时,全家人围坐在设于火位北侧的炕桌合影留念,因此,没有严格按照蒙古包室内空间划分调整座次。

杜尔伯特蒙古包室内火位及正北区位

这一组杜尔伯特蒙古包室内图片，反映的是20世纪50年代四子王旗北部戈壁牧区一户普通人家蒙古包室内的摆设。火位是蒙古包室内最为神圣的区位。火位由正方形木格加以限定，其中放置火撑与火盆。

杜尔伯特蒙古包室内西北区位

西北区位为最具神圣意义的区位。置于西北区位的箱柜上通常设有佛龛。

杜尔伯特蒙古包室内西南区位

　　西南区位为男性区位。在哈那上悬挂一副马鞍和一副驼鞍，下面放一套捕获猎物的踩夹子。

杜尔伯特蒙古包室内东北区位

　　东北区位为女性区位，妇女的首饰及家中的财物通常要放在东北侧的木柜里。图中有一副银马嚼子悬挂于哈那头上。

杜尔伯特蒙古包室内东南区位

东南区位是女性区位。在碗架左侧靠哈那处放置水桶、木臼、小火撑等器物，上挂各类炊具。

杜尔伯特蒙古包室内的碗架

碗架是所有蒙古地区蒙古包内的必备器具。上置各类容器，其下两层可以放置各类锅具。搬迁时可折叠。

额济纳土尔扈特蒙古包室内空间

额济纳土尔扈特蒙古包

额济纳土尔扈特蒙古包室内布局

蒙古包室内的两张木床向位居正北处的一对木柜靠拢，构成一种扇状夹角空间。

额济纳土尔扈特蒙古包室内正北区位

在蒙古包室内正北处摆放箱柜，在其上摆设佛龛，紧接着箱柜摆放1~2个茶桌，构成延伸至火位的中央区位是额济纳土尔扈特蒙古包的主要特征。

位于蒙古包室内正北区位的佛龛

蒙古包内的佛龛一般置于正北或西北区位的柜子上。土尔扈特、布里亚特等部的佛龛位居正北对着门的区位。

额济纳上尔扈特蒙古包室内左半区位

　　蒙古包东北侧哈那上挂有内饰帘，使室内空间更显优雅舒适。蒙古包内饰帘有季节之别，冬季为毛毡或毯子，夏季为布匹或绸缎。有内挂或外挂两种形式，内挂帘能遮住哈那的网状框架。

额济纳土尔扈特蒙古包室内西南区位

在西南区位，悬挂马鞍等男性用具是蒙古地区的普遍设置。另外，在此区位设置了洗脸架，这是源自现代喀尔喀蒙古包的设置。

额济纳土尔扈特蒙古包室内东南区位

此处设有一件古老而简易的碗架,其旁有一个火撑。不用火撑时,将其放于东南靠近门的位置,这种摆设符合传统的设置。

额济纳土尔扈特蒙古包室内东南区位

除将碗架摆放于东南区位外,将存放牛粪的铁箱也置于其一侧是较为常见的设置。

额济纳土尔扈特蒙古包室内西北区位

在西北区位放置一对板箱，上置叠放整齐的被褥是近代流行的室内设置。

额济纳土尔扈特蒙古包室内西北区位

在装饰较为考究的蒙古包内，木床与遮盖哈那的挂毯构成一种限定性舒适空间。

额济纳土尔扈特蒙古包室内东北区位

在两侧木床上方各悬挂一张挂毯,构成温馨舒适的空间,并在其脚下各置一张单人沙发,成为现代额济纳土尔扈特蒙古包的流行设置。

双柱蒙古包室内布局

近年，土尔扈特人开始使用设有双柱的喀尔喀蒙古包，但室内设置仍是土尔扈特风格，包内地面铺设有多层的绣毡，使包内环境更显优雅舒适。

土尔扈特蒙古包室内布局

牧民用单柱支撑天窗，节约出较为宽敞的室内空间。铁炉上放置着酿制奶酒的传统器具——博日格日。

巴林蒙古包室内空间

巴林蒙古包

巴林蒙古包室内中心区位灶台

在蒙古包中砌筑灶台的习俗始于近代。在察哈尔、巴林、阿鲁科尔沁等地区,蒙古人很早便开始砌筑土坯灶台,将火撑作为辅助性用具来使用。

巴林蒙古包室内西北区位

除中间正北区位外,半圆形木床两侧可以置放箱柜等器物。在一处夏营地蒙古包室内西北区位摆放了电视及箱包。

巴林蒙古包室内东南区位

东南区位是女性专属区位。在此夏营地,蒙古包中所有炊具均位于此区位。

阿鲁科尔沁蒙古包室内空间

阿鲁科尔沁蒙古包

阿鲁科尔沁蒙古包室内布局

夏营地的包内地面为自然草地。多数蒙古部族习惯于在夏营地蒙古包地面铺设毛毡或皮革，而布里亚特、阿鲁科尔沁等部族习惯于露出地表。

阿鲁科尔沁蒙古包室内正北区位

在室内放置半圆形木床，在木床中间摆放一张小茶桌，从而构成了一种开敞明快、层次清晰的室内空间。

阿鲁科尔沁蒙古包内西北区位

牧民将一幅成吉思汗画像挂在西北哈那上，以示这一区位的神圣属性。

阿鲁科尔沁蒙古包室内西南区位

牧民迁至新牧场，室内设施尚未安置妥当。然而，马鞍架等器具已置于西南区位。

阿鲁科尔沁蒙古包室内东北区位

牧民将米面、梳妆用具及杂物放置于东北区位。

阿鲁科尔沁蒙古包室内东南区位

在东南区位摆放了碗柜、煤气灶、水桶等器物，在乌尼上悬挂着风干羊肉条。

阿鲁科尔沁蒙古包室内左半区位

在一处夏营地蒙古包中左半区位的设置依然遵守了传统的秩序。牧民已开始使用煤气灶等现代化设施。

扎鲁特蒙古包室内空间

扎鲁特蒙古包

扎鲁特蒙古包室内正北区位

与内蒙古中部地区的传统设置相同,扎鲁特蒙古包室内正北区位亦为仅放置一张茶桌的开敞空间。

扎鲁特蒙古包室内东南区位

东南区位依然是放置炊具的女性区位。在乌尼杆上悬置一块木板,上置小物品,这是一种非常古老的利用空间的方法。

扎鲁特蒙古包室内东北区位

夏营地的蒙古包室内以临时用具为主。牧民在东北区位摆放了一些零散用具,且以主妇所用物件为主。

蒙古包西南哈那上挂的马具

西南区位的男性区位特性较为明显。哈那上悬挂着马鞭、马嚼子等马具。

一顶铁制蒙古包内的布局

近年来，使用铁架蒙古包的牧民日益增多，而在室内空间设置方面基本延续了原有秩序。

铁制蒙古包室内西南区位

牧民将电视机置于西南区位，挂在铁架上的马具说明了这一区位的特性。

铁制蒙古包室内西北区位

牧民将珍爱的银马鞍、望远镜等器具挂在铁架上，以示这一区位的神圣属性。

生土住居室内空间设置

当蒙古人的住居形式由蒙古包转变为其他住居形式之后，居住者对新住居室内空间的使用与适应程度成为一项值得探究的问题。住居类型的改变是与居住行为、习惯与理念相关的整体性文化变迁过程。近代以来，生土住居被大量移植至蒙古高原，逐渐更替原有住居类型或与蒙古包共处一个营地，构筑了新的住居环境。比起对建筑外观的影响，蒙古人对室内空间的使用与改造更加体现了强烈的地域性与民族性特征。原来在蒙古包中使用的家具被搬至土房内，传统的居住习俗在新的室内环境中以融合的形式被沿袭下来。

内蒙古中部
牧区圆土房

圆土房外间

双间圆土房通常被设为里外两间，此图为外间正北区位。室内砌筑了灶台与小火炕。

圆土房外间西侧区位

圆土房室内平面呈正方形,火炕只占据四分之一的空间。夏季只铺设一层毛毡。地面置一件传统木柜。

圆土房里间东侧区位

圆土房里间有火炕,正中为火炉,靠墙一侧为一对木箱。

圆土房里间西侧区位

里间入门处的两侧为冰柜与风电机变压箱。墙上悬挂着相框与镜子。

圆土房里间西北区位

西北区位靠墙摆设的一对木箱是圆土房内的主要家具。

蒙古贞住居室内正北靠墙处摆设

蒙古贞，现指辽宁省阜新蒙古族自治县。蒙古贞的一户蒙古人家室内摆设了各类瓷器摆件，上方挂有成吉思汗像。

火炕上的小孩

住居类型虽有变化，但生活习俗依然延续着原有传统。牧民用长长的蒙古袍腰带将小孩拴住，以免孩子摔到地上。

乌拉特后旗牧民现代住居的客厅

2000年后，内蒙古牧区盛行建造新式住居，具有城镇住房功能的住居被推广至牧区。牧民新宅里有客厅、卧室、餐厅、厨房、卫生间等多样化空间。

第四章 营造技艺

在20世纪80年代以前的内蒙古地区，蒙古包三大构件——木件、包毡、绳索的制作，一直由民间工匠予以完成。随着工业化的发展，蒙古包木件与毛毡的制作逐渐从民间转向了工厂，从而成为蒙古包结构与类型趋同化发展的开端。

在内蒙古巴林、阿鲁科尔沁等地区至今还有不少民间工匠传承并实践着传统蒙古包的制作技艺。在相材、取材、加工、组装、搭建、拆卸的所有过程中，均保存了完好的文化实践理念。如在选取制作天窗的榆木或制作哈那的细柳条时，要遵循一系列严格的习俗制度；在搭建蒙古包时必须遵循特定搭建顺序。蒙古包的制作过程，充分体现了游牧社会的性别分工、社会组织、伦理道德诸方面的特征，如包毡的加工与刺绣由男女共同完成，而木件的制作只能由男人完成；个户住居的营造行为总是社区或公众的一项义务。在民间，当有人搭建蒙古包或营造固定住居时，同社区的人均有义务去参与和帮助。

自近代以来，蒙古人开始习得生土住居，甚至是大型公共建筑的设计与修筑技艺。在将外来建筑形式移入蒙古地区的过程中，民间工匠们逐渐创造出一套独特的民族建筑营造技艺，尤其在建筑风格、材料、空间设置方面体现了浓郁的民族与地域特色。

蒙古包的制作

蒙古包的制作是一项手工艺创作实践，使用已做好的构件搭建包体的行为才算一种营造工程。蒙古包体系化、程式化的框架与构成使古老的毡包拥有了一种历经千百年而稳固不变的结构。蒙古包的制作过程是凝结科学技术、生态智慧、生活理想、信仰习俗的一项综合实践，其制作过程包含制作木构件、擀制毛毡、编制绳索三个环节，其木件制作工具或设施只有种马木、地灶、刮削器、穿眼器等四种。蒙古包的传统制作技艺，至今在民间仍有不同程度的传承与实践，内蒙古巴林、阿鲁科尔沁、乌珠穆沁、额济纳等旗均有手艺娴熟的民间工匠在制作蒙古包构件。

地灶烟道

用于加工木件的传统设施。将细柳枝放入烟道内通过加热使其变软,依据需要将木条压弯成形。

地灶

地灶是用于加热细柳条,使其变软的古老传统设施。加热细柳条的方法主要有烤热、蒸热两种。烤热需用多种器具与设施。

压弯木

俗称"阿吉日干冒都",汉语意思为"种马木"。压弯木是用于压弯柳木的民间器具。原多为木制,今已改为铁制。

用于制作天窗的天然弯木

土尔扈特人从野外捡回天然的弯木,用其制作蒙古包天窗的环木。

用于制作哈那的细柳条

沙漠中生长着丰富的沙柳,其细柳枝是制作蒙古包乌尼、哈那及天窗边条的主要材料。

刮削刀

用于刮削树皮的民间器具。使用刮削刀在树枝上刮几道之后放入地灶，加热后的柳树皮将自然脱落。

穿孔器

制作哈那木的民间器具。这一器具在蒙古各地较为普遍。

刮削器

匠人依据用途选用各类刮削器，其木柄有长有短，以适应在各种条件下的使用。

刮削树皮

工匠在加工木材时使用的双柄刮削器源自传统的刮削刀。

加工蒙古包门的车间

大量使用木板门始于近现代。直至20世纪中叶，内蒙古中部牧区的多数蒙古包无实木门，仅以毡帘代替木门。

在工厂生产的蒙古包木件

自20世纪50年代以来,内蒙古中部区的蒙古包制作技艺由民间转移至工厂,由专业蒙古包厂批量生产的蒙古包成为牧区最为常见的蒙古包类型。

蒙古包的结构

依据材料与构成关系，可以将蒙古包分为木制构件、毡制构件与绳索三大部分。这一划分符合地方性分类传统，牧民将蒙古包三大构件分别称为家木、覆盖物与绳索。木制构件包括天窗、乌尼、哈那、柱、板门、底板、哈那围板七种构件。毡制构件包括天窗毡、顶毡、围毡、内顶毡、饰顶毡、内挂毡、门毡、门楣毡、哈那脚围毡九种构件。绳索包括天窗绳、哈那绳、里围绳、外围绳、乌尼套索及包毡边角上的各类绳索。就其在整体中的作用而言，木制构件为框架结构，毡制构件为遮盖物，绳索则起到连接、固定的作用。依据天窗与乌尼的连接方式，一般将蒙古包分为捆接式与插孔式两大类。

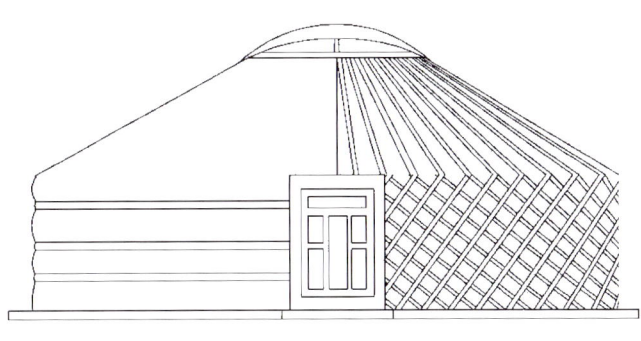

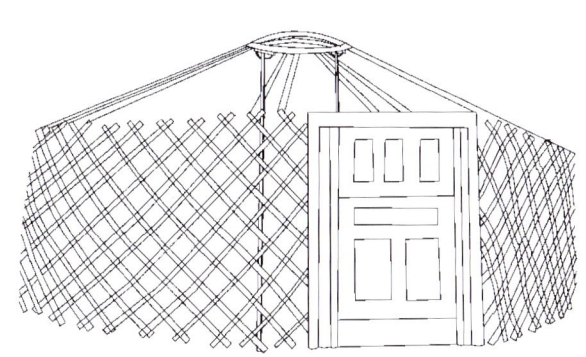

蒙古包结构透视图

蒙古包由家木、覆盖物与绳索三大构件组成。三大件分别其有框架支撑、覆盖遮蔽、衔接固定的功能。

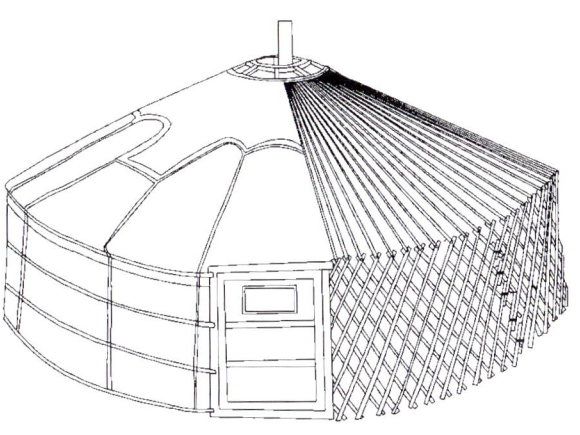

蒙古包天窗与乌尼

蒙古包的哈那起到围墙的作用，而乌尼与天窗的连接构筑了屋顶。天窗除了具有采光、通气等作用外，还起到固定木架构的作用。

蒙古包哈那

将细柳条交错串接而制作的哈那是一种限定蒙古包平面面积、墙体高度的关键构件。蒙古包哈那数与单片哈那的头数决定着蒙古包的大小。

蒙古包哈那与乌尼的对接方式

乌尼末端孔内穿有小索套，将其套入哈那尖即可完成对接。

夹在哈那上的纺锤

蒙古包的哈那是夹放小器件的重要地方。需要悬挂器件时，一般使用木、角等制作挂钩。

哈萨克包哈那与乌尼的对接方式

乌尼末端呈弯曲状,故将其末端牢牢地绑在哈那尖上。

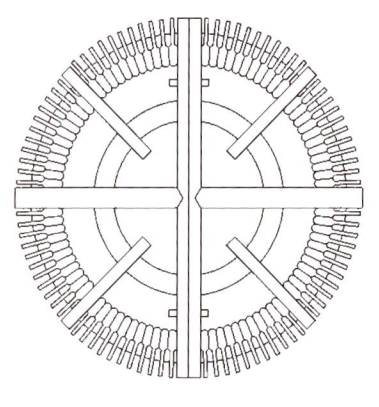

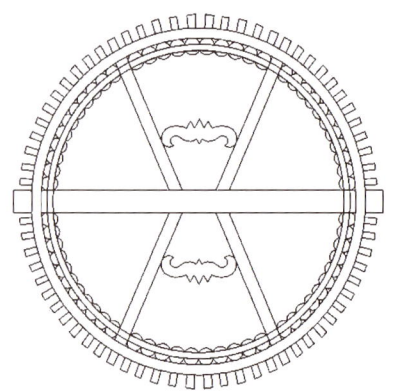

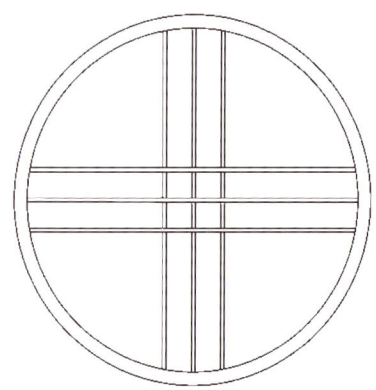

蒙古包天窗的四种类型

蒙古包的天窗有胡鲁天窗、轮式天窗、架式天窗、十字形天窗四种基本类型。前两者的形态相似，胡鲁天窗外圈插有众多串接乌尼尖的胡鲁。四种天窗的代表性部族分别为察哈尔、苏尼特、巴尔虎、土尔扈特。

阿鲁科尔沁胡鲁天窗

胡鲁天窗为捆接式与插孔式两用天窗，但捆接式居多，即乌尼尖与天窗外圈已串接固定。

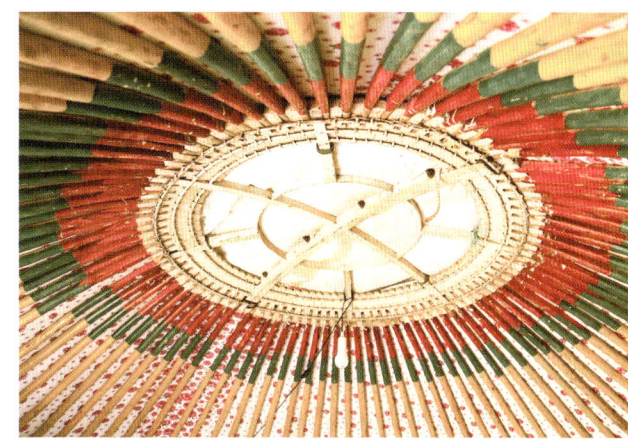

喀尔喀轮式天窗

轮式天窗的首要特征便是内圈的设置。轮式天窗是最为普遍使用的天窗类型。

巴尔虎架式天窗

架式天窗只有一道横木。通常为捆接式天窗，也有少量插孔式天窗。

土尔扈特"十"字形天窗

土尔扈特人称天窗为"哈热其"，其构架以三道交错的横木组成。此类型是中亚各民族普遍使用的天窗。

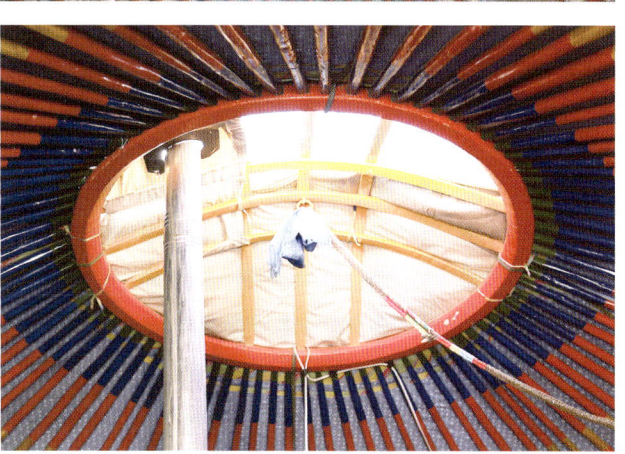

传统蒙古包的木板门

木板门有单扇与双扇两种类型。单扇向外开启,双扇向内开启。有时两者以组合形式被用在一顶蒙古包上,此时单扇门必须设于外面。

传统蒙古包的天窗局部

传统巴林蒙古包的天窗内圈由两根柳条构成，被称为"萨日巴"的木件是串接固定内外圈的关键构件。

蒙古包的四大木件——天窗、哈那、乌尼、柱子

对于多数小尺度蒙古包而言,柱子只是摆正包体的临时用具。当蒙古包形体恢复原状后将木柱取下来放置一边。木柱是象征男性权威的神圣构件。

天窗下的奶酪架

土尔扈特牧民在天窗下方设置的奶食品架。它有晾晒奶食品与遮挡室内阳光的双重作用。

天窗罩

居住在城镇地区的蒙古包住户们创造的新式器具，用来遮住天窗，在不影响采光的同时防止雨滴、沙尘进入室内。

天窗罩的安装

一个天窗共需6片天窗罩，用于外露烟筒的天窗罩事先设置了一个铁皮圈。

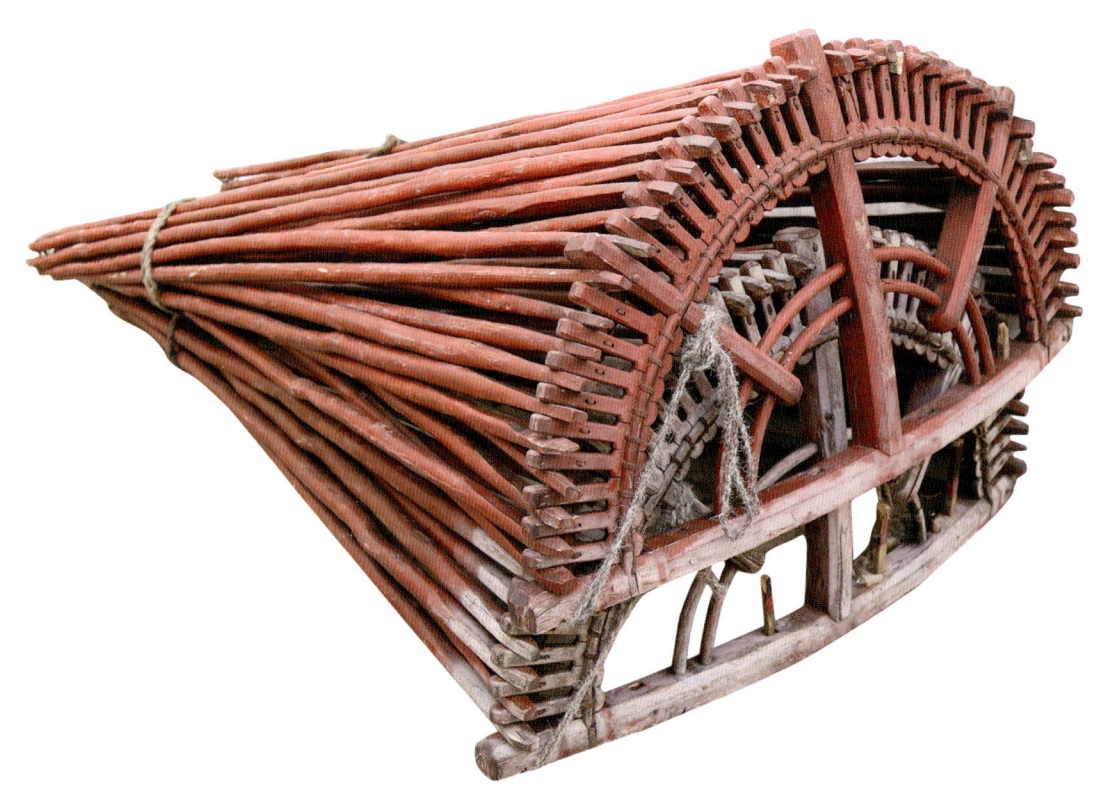

捆接式天窗

比起插孔式天窗，捆接式天窗的使用历史更为久远。其天窗与乌尼由皮绳串接固定，故一般情况下天窗被一分为二，搭建时用卯榫将两者合二为一。

捆接式天窗的乌尼

拆卸蒙古包之后将天窗分为两个半圆部分，将乌尼分为四组用哈那绳捆绑。

蒙古包的搭建

蒙古包具有搭建迅速、拆卸方便、搬迁轻便等特点。作为一种传统的住居类型，蒙古包的搭建、拆卸与驮载过程不仅仅是一种纯粹的建筑行为，其整个过程也属于一项民俗文化展演。插孔式蒙古包的搭建过程由清理包址、连接门框、捆接哈那、拉里围绳、上举天窗、插入乌尼、铺设顶毡、围铺围毡、铺设天窗毡等基本步骤组成。捆接式天窗的天窗与乌尼因事先串接固定，因此，省略了插入乌尼的步骤。蒙古包的搭建顺序必须遵守"从右至左，从下至上，从内至外"的原则，而拆卸顺序恰好与上述原则相反。

蒙古包的搭建顺序

蒙古包的搭建与拆卸顺序在所有蒙古地区几乎是相同的。在具体细节上有一定的部族差异。在杜尔伯特，第一个步骤是将火位木格摆放在地上，将天窗扣放于其上。

摆放木门

将门框摆放在地面,朝向为蒙古传统方位体系之东向,国际方位之东南向。

将哈那片围放在固定位置

经常搭建的蒙古包哈那均有固定顺序,将其按照先后顺序摆放在地面上。

将哈那与门连接为一个围合空间

将哈那相接之后将两端对接至门框构成一个围合空间。哈那的高度有较为准确的规制,哈那眼若呈正方形则被视为达到标准高度。高度调整后用一根里围绳加固哈那。

乌尼成组斜靠于哈那墙上

将乌尼成组斜靠于哈那上,并将置于门框上方的六根特殊乌尼斜靠于门槛上。

将乌尼逐一插入天窗外围的孔内

由男子高举天窗，其余人从各个方向将乌尼尖插入天窗外围的孔内，使天窗架设于众多乌尼的支撑下。传统天窗应有四根外绳，将其系于哈那上。

已搭建完成的蒙古包木架构

搭建完木架构之后将火位方形木格悬挂于天窗下方，起到稳固作用，再逐步调整蒙古包的形体。

先放顶毡后加围毡

用预留的乌尼将顶毡展铺于乌尼上,在围盖木架构时先放顶毡,后放围毡。上顶毡时先上前顶毡,再放后顶毡。

加盖包毡后用外围绳捆绑加以固定

外围绳是用于加固围毡的绳索,共有上、中、下三道外围绳。

新疆土尔扈特蒙古包木架构

近现代，新疆土尔扈特蒙古包多用插孔式天窗。其天窗风格形同额济纳土尔扈特蒙古包，但其弧度明显大于后者。除天窗的构造外，其木架构形制与其余蒙古部族的完全相同。

新疆土尔扈特
蒙古包围毡系法

插孔式蒙古包的搬运方式

蒙古包的搬运要遵守一定的习俗惯制。用机动车辆搬运插孔式蒙古包时以包毡垫底，顺着哈那的弯度将其交错叠放在一起，将乌尼分为两组捆绑，作为第二层。将天窗毡作为第三层，最后将天窗扣放在上面，用绳索加以固定。天窗作为神圣构件必须位居顶端。

捆接式蒙古包的搭建方式

天窗与乌尼的事先连接,省去了搭建插孔式天窗蒙古包时的插杆环节,就是将乌尼逐一插入天窗外圈孔内的步骤。因此,小尺度的捆接式蒙古包完全可以由一人搭建或拆卸。

捆接式蒙古包的传统搬运方式

连贯的勒勒车的最后一辆车往往是搬运蒙古包的车。捆接式天窗的天窗与乌尼已事先串接固定,因此要整体搬运。天窗必须对准车头,即前行的方向。

编织技艺

在蒙古包的制作过程中编织技艺是非常重要的。蒙古包绳索的编织、柳编包通体的建构、芦苇包覆盖物的编制均离不开这一传统技艺。以呼伦贝尔草原芦苇包为例，其覆盖物被分为顶盖与围帘两个部分，前者由芦苇、后者由柳条编织而成。芦苇顶盖的缝制方法是：将芦苇秆的细端朝上并排铺在地面后，用马尾绳从其粗端逐一贴紧编捆三道线，再用特制的大针穿上马尾线，从一侧穿紧，共缝六道线后构成扇形芦苇帘。柳条围帘的制作方法是：精选筷子一般粗的细柳条若干，将其粗细两端交错铺开后用马尾绳逐一贴紧捆接。

蒙古包芦苇顶盖

在呼伦贝尔草原陈巴尔虎旗与鄂温克旗,牧民在夏季一般用植物编织覆盖物替换毛毡。在阿鲁科尔沁、扎鲁特等地区亦有用芨芨草编织覆盖物的情况。

芦苇顶盖的遮盖方法

芦苇顶盖一般由上、中、下三层构成。上覆顶盖时先放下层,再放中层,最后放置上层。

蒙古包的柳条围

柳条围质地坚硬，故只需一根外围绳加以固定。

缝制芦苇顶盖

将芦苇秆对齐摆放在地面，从其一侧串接制成半圆形顶盖。

缝制芦苇盖细节

缝制芦苇盖的针
长约20厘米的扁形铁针是缝制芦苇帘的主要工具。

蒙古包里围绳

蒙古包的里围绳具有加固与美化包体的双重作用，尤其是里围绳的编织更显华丽美观。

蒙古包外围绳

蒙古包的外围绳一般由马鬃尾编织而成，故其质地坚韧，纹络美观。

小块毛毡的制作方式

牧民一般用卷帘压制的手工技艺制作小块毛毡。

刺绣包内铺设的绣毡

铺设于蒙古包室内地面的毛毡一般为绣毡。用驼毛线刺绣的绣毡图案精美且经久耐用。

柳编墙的编制

用沙柳编制围墙、棚舍以及各类用具的现象较为普遍。在内蒙古鄂尔多斯至阿鲁科尔沁的广袤区域，至今传承着用沙柳夹编围墙的技艺。

蒙古包围绳的编织技艺

巴尔虎人常常借用停靠于蒙古包之北的勒勒车编织围绳。将围绳一端系在末端的车辆上,再用专用木制器具编织围绳。为了编制出精美的图纹,一般选用棕、黑、白三色马鬃尾加以编织。

蒙古包围绳的编织

蒙古包的围绳通常要比蒙古包周长多出很多,故牧民需要编织出20～30米长的围绳。借用连贯停放的勒勒车拉直围绳成为常见的方法。

固定住居的营造技艺

随着住居类型的更替或多样化发展，居住者习得住居营造技艺是自然的事情。蒙古人习得生土住居或其他类民居的营造技艺已有一段历史，并在学习、实践、创新的过程中充分展现了自身文化的特色。在蒙古各地均有蒙古族民众自行设计、营建的固定住居。在内蒙古鄂尔多斯、察哈尔、科尔沁等地区，蒙古人很早便掌握了生土住居，乃至规制更为宏大的公共建筑的营造技艺，其选材、施工、建筑风格均有明显的地域和民族特色。其中，鄂尔多斯地区的柳编顶土房、乌兰察布地区的圆土房、察哈尔地区的草坯房与科尔沁地区的车辖辘房是最为典型的民居类型。

土坯模具

圆土房屋顶土坯模具

内蒙古戈壁牧区牧民用来建房的土坯

马粪土的制作

牧民在地上挖浅坑，将干马粪粉碎后埋在土下，自然浸泡半年后取出使用。

抹房用稀泥的加工过程

内蒙古中部牧区的牧民，自20世纪70年代便习得生土住居的营造技艺。以抹房用稀泥的加工过程为例，可以看到建造技艺的本土化过程。第一步为挖土，在地上铺一层适度比例的红胶泥和沙子。

用刀将草切成小段

牧民选择坚韧的干草作为辅料将其切成小段掺入泥土中。山羊毛、马粪等也可作为掺入泥土中的原料。

把碎草铺放在土层上

铺一层红胶泥后将切成小段的干草均匀铺撒在土层上。

在草层上另加一层土

在厚厚的草层上再铺放一层红胶泥与沙土。

在土堆上挖坑准备放水

在土堆上挖坑准备放入水浸泡稀泥。

在土坑中注入水浸泡一宿
在土坑中注入水，浸泡稀泥一宿后再使用。

将土搅拌成稀泥
均衡搅拌土与草，拌成稀泥用于抹房。

用稀泥抹房
牧民使用铁制木柄泥板抹房。

圆土房的屋顶做法

屋顶洞口直径只有二三米,适合于木材严重缺乏的戈壁荒漠草原。

砖房的修建

砖房的营造技艺已非现代牧民所能掌握的生存技能。砖房一般由专业施工队予以建造。

准备修建砖房

在苏尼特草原,牧民从20世纪90年代开始,普遍修建砖瓦房。牧民将建材搬运至牧营地,雇佣周边城镇的工匠为其修建房屋。

采光与取暖

蒙古包的采光、通风、取暖方式较为独特。其采光主要借助蒙古包顶上的天窗与夏季时常开启的门及掀起围毡而外露的哈那网。其中，天窗是蒙古包唯一的窗口，是采光、排烟、通气的重要设置，天窗不论冬夏，除风雪雨水等特殊天气以外昼夜开启。蒙古包的取暖主要借助于旧时的中心火撑、近代土坯垒筑的灶台及之后引进的铁炉，但其散发的热量不足以解决由于墙壁太薄而吹进的寒气所形成的中心热周边寒的问题。20世纪前半叶，内蒙古中部各旗王公府邸或寺院的蒙古包已开始使用地暖设施。近年，地暖已成为蒙古包最为流行的取暖方式。

冬季室内蒙古包

人们围着火炉席地而坐。包内地面铺设二至三层毛毡。

冬季的蒙古包

蒙古包的保暖方式简易而独特。在严寒的冬季如何保持舒适的室内温度是蒙古包所面临的一项技术难题。

牛皮垫正面

牛皮、马皮、牛犊皮是牧民常铺设于室内地面上的传统材料。

牛皮垫反面

铺设牛皮垫时反面朝下，皮垫加铺绣毡构成蒙古包地面。

掀起围毡的蒙古包

炎热的夏季，牧民将蒙古包的围毡底部掀起，达到空气流通的目的。在冬季，牧民常用哈那底围、木板底围、湿牛粪等遮盖围毡底部，以防透风。

蒙古包的地暖设施

近年,在内蒙古锡林郭勒盟牧区,人们广泛使用地暖,地暖设施的修建由专业施工队完成。

地暖灶台

地灶设于蒙古包东侧紧贴哈那处。主要燃料为羊粪砖与牛粪。

设有地暖设施的铁架蒙古包

修筑于水泥地暖平台上的钢架蒙古包是现今内蒙古草原牧区住居形式变迁的一个特殊现象。

蒙古包内的火撑

自20世纪60年代始，铁炉子逐渐取代了火撑，成为蒙古包室内做饭取暖的主要用具。

蒙古包地暖剖析图

蒙古包的地暖设置并非是现代人的创造。日本人详细记载了20世纪40年代内蒙古王公贵族所居蒙古包的地暖设施。

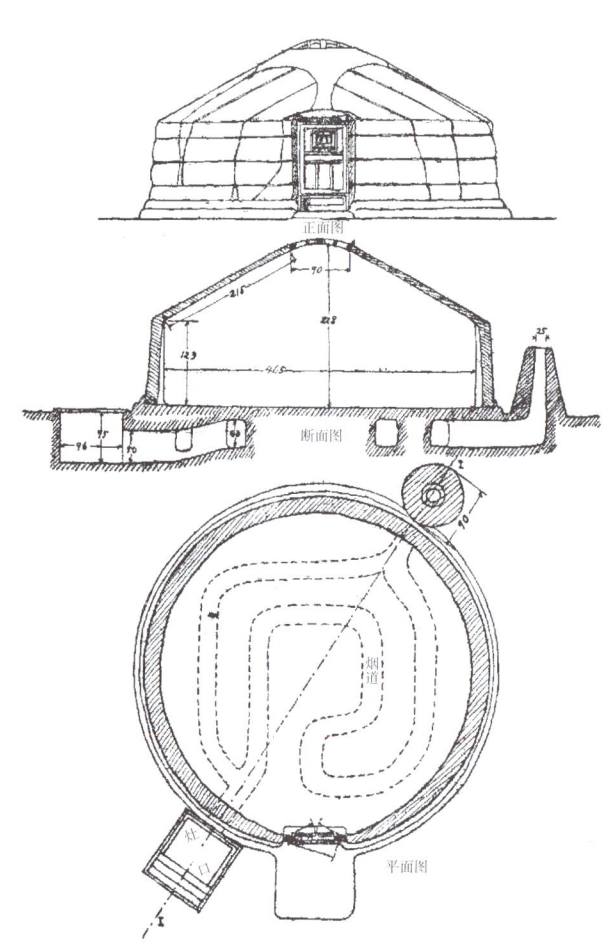

修筑灶台

牧民用砖砌筑并用稀泥涂抹内外，上置一块带有圆孔的铁板，修筑了简单实用的灶台。

第五章　住居装饰、象征与信仰

　　住居是一个小宇宙，住居中的每个细节均反映着居住者的内心世界。蒙古人自古重视住居及其环境的装饰与美化，从蒙古包天窗的装饰构件至毛毡边角的图案，甚至到精心打结的绳索无不反映着蒙古人的文化审美。

　　蒙古包是一个象征世界。蒙古包里的构件、绣毡与箱柜上的图纹、器物的摆设位置与朝向、空间设置与秩序均含有深刻的象征寓意。因此，在文化意义上，蒙古包绝非是一种原始的、简易的风土型建筑，而是一种集人类住居文化之多种优秀元素于一身的奇妙建筑。蒙古人以人体比喻并命名蒙古包的整体及单个构件部位。通常以构架比喻身体，以包毡比喻服装。天窗、柱子、门槛是象征家人幸福平安、子嗣兴旺的神圣构件。因此，深度阐释蒙古包建筑语汇是理解蒙古族住居文化的关键。

将信仰融入住居中，通过住居秩序反映信仰世界，是所有看似简易却又富含智慧的传统建筑之共性。在蒙古包内生活起居需要遵守一系列的习俗惯制，除火撑区位左右两侧的性别分区及上下两侧的圣俗区位划分之外，在紧凑的圆形平面内含有诸多行为规范。蒙古人在蒙古包长大，从小便习得蒙古包内的行为秩序，其坐姿、起居行为均符合传统行为规范。随着现代化进程的加速，古老的信仰习俗逐渐被忘却并被简化。相比技艺的失传，住居习俗与信仰的变迁对住居文化的影响更加深远。因此，阐释蒙古包装饰与信仰因素成为蒙古族住居文化研究工作的重点。

装饰构件与图纹

一顶蒙古包是一个艺术世界。蒙古包的木、毡、绳三部分均有装饰，但其手法不同。木构件使用彩绘与镂刻方法，包毡与毡垫使用刺绣方法，绳索使用编织与缝制手法。各类刺绣、编织、彩绘的民族图案应用于包毡边角、木构件与箱柜面，就连绳索也是以各种纹络编织而成。传统图纹作为承载特定文化寓意的艺术语言，其使用须遵守清晰严格的规定。门帘及室内铺设的绣毡一般用象征坚固永久的回纹和锤纹。顶毡下角使用象征繁荣昌盛的草纹、鼻纹与莲花纹。蒙古包装饰细件由天窗饰片、饰顶毡、室内挂件及装饰与实用为一体的门楣毡、哈那脚围毡等构件组成。

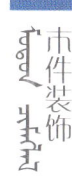

木件装饰

精美的天窗

天窗在蒙古语中被称为"陶脑"或"哈日查",为蒙古包木件中最为神圣的构件。在多数蒙古地区天窗象征着子嗣繁衍与幸福安康,故酿制奶酒或熬茶后向天窗行祭酒礼。

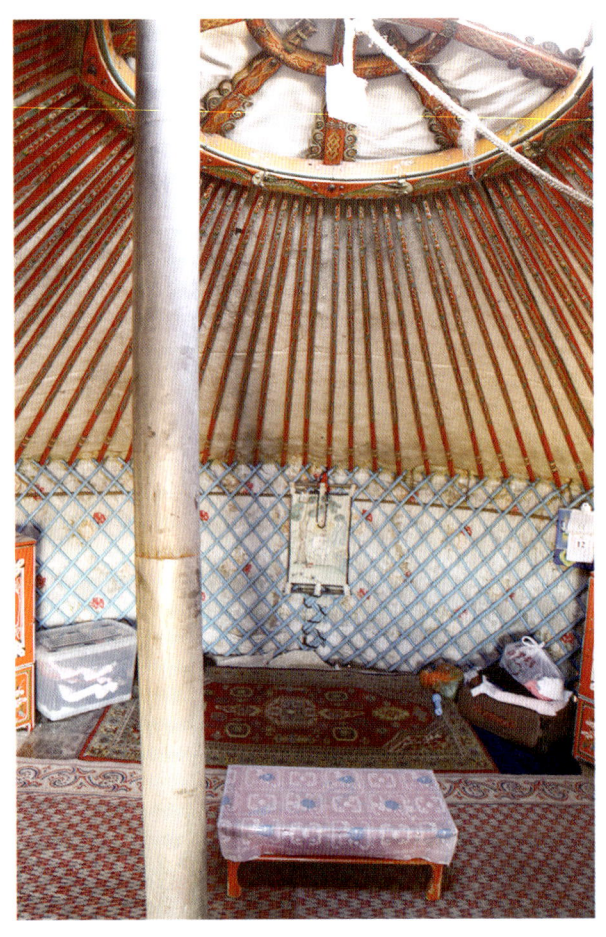 

蒙古包木件的色彩

传统蒙古包木件多为原色，少数蒙古包的木件使用地方土壤颜料上色。20世纪中叶以后为木件上色成为一种潮流。

天窗与乌尼的彩绘

蒙古包的天窗彩绘最为丰富多样。此天窗外圈上绘有展翅的孔雀，而每一根乌尼上绘有孔雀的羽翼。

包毡装饰

饰顶毡的边角图纹

牧民用编制的驼毛或马鬃尾线为包毡的边角缝制象征吉祥长寿的云纹或角纹,以使毛毡更加坚固耐用、美观大方。但是,忌讳在边角之外的地方缝制任何图纹。

篷车上的图纹

勒勒车作为草原住居体系中的重要组成部分,承担着搬运与储存货物的重要角色。篷车上有精美的吉祥结图案,象征家庭生活的幸福安康。

绣毡图纹

苏尼特绣毡

在平时牧民将绣毡的反面朝上,保护其正面华丽的图纹和布制边角。待节庆之时才将正面朝上。

刺绣毛毡

在室内铺设的毛毡多数绣有精美的图纹,以使室内更显温馨优雅的同时延长毛毡的使用寿命。毛毡上刺绣的精美图纹各有其不同的寓意。起初,每个部族、氏族的图纹相互有别,因此,通过图纹式样能够识别蒙古包主人的氏族归属。

苏尼特左旗的绣毡

苏尼特右旗的绣毡

土尔扈特绣毡

土尔扈特绣毡局部

乌珠穆沁绣毡

悬挂于哈那上的碗袋

此三件精美的毡袋分别为碗袋、筷子袋、茶叶袋。置于蒙古包东南区位的碗架实际上是置放锅和盆的器具。

布制内饰帘

内饰帘与内挂毡用于遮挡蒙古包哈那木,起到保暖与美化的双重作用。

藏式小挂帘

被称为"拉布日"的小挂帘源自藏传佛教寺院经堂的装饰。小挂帘与其下面的家具巧妙地营造了温馨独立的小空间。

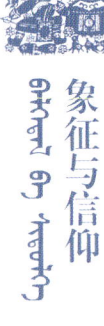

象征与信仰

  象征、信仰与建筑的有机融合是传统民居最为显著的特征。蒙古包是一个象征世界，其结构虽简易，但其构件意义、命名方式、形体颜色及区位空间均承载着丰富的文化寓意。蒙古包的一些构件及单个构件的特定部位被视为具有神圣属性，并在日常生活中由多种规范、禁忌加以限定或强调。天窗、门框、柱是神圣的木构件，门楣、门槛被视为代表主人气质与尊严的部位。平时忌讳乱放、扣放天窗，不许脚踏门槛。天窗毡是最为神圣的包毡，天窗毡位居蒙古包之顶，在未搭建时不许乱放乱踩，搬运时天窗、天窗毡、佛龛三者需放在一处。天窗绳是最神圣的绳索。

神圣的天窗绳

天窗、天窗毡、天窗绳、柱子是相互连接的四个神圣构件。天窗象征子嗣兴旺,天窗绳象征福寿吉祥,柱子象征家主之权威。天窗绳是从天窗中心下垂的一条长绳,在风沙天气将其末端系在哈那脚上以免包体晃动,平时将其夹放在蒙古包左侧乌尼间。

戈壁草原上的骆驼

戈壁牧区的人们将天窗与天窗绳比喻为骆驼。天窗为骆驼头，下垂的弧线部分为骆驼脖子，叠夹的形状为双驼峰，下垂的小节末端为驼尾。

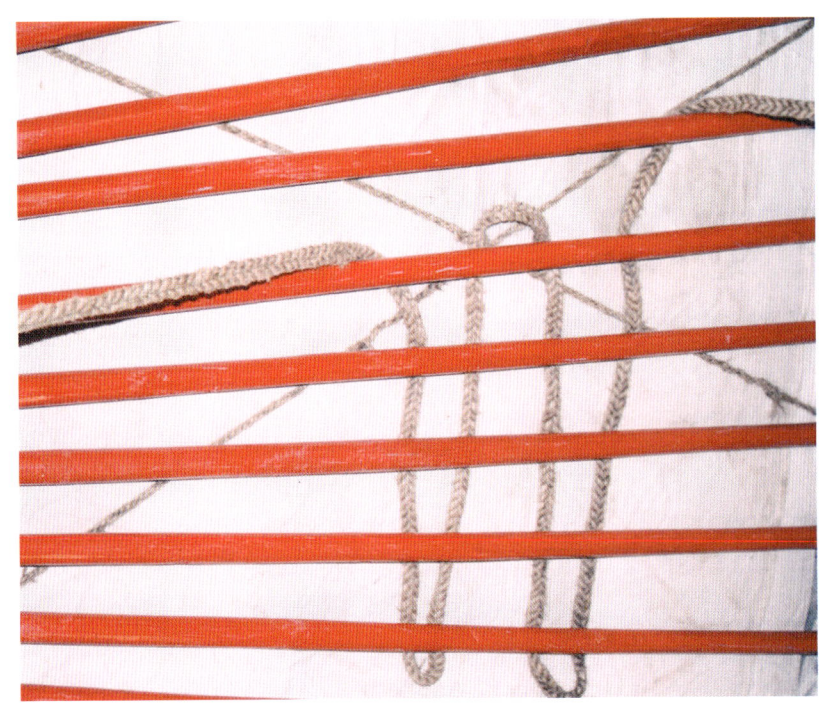

天窗绳的夹放形式

在杜尔伯特与喀尔喀戈壁，牧民将天窗绳叠放成驼峰状，并将双口朝向门。以此象征从门外流入的福寿吉祥能够汇集在驼峰里。从天窗中心下垂的长绳象征着家庭主人之心怀，所以下垂的弧度越大越好。

置放于高处的废弃天窗

天窗是神圣构件，所以待其陈旧之后平整放置于山顶或高处。当人们有了固定住居之后将天窗置于房顶。

从天窗下挂的福袋

牧民在天窗横木交汇处下挂一小布袋,内置五谷、金银等物品,象征家庭生活的幸福美满。

系在天窗上的哈达

从天窗下方垂挂哈达的习俗较为常见。这表明天窗的神圣象征意义。

木门与门框

蒙古人从近代开始普遍使用木门,之前蒙古包的门只用毡帘。但蒙古包一直有门框。门框在蒙古包里也是一种神圣构件。门槛象征主人的威望,门楣象征家庭的兴旺。因此蒙古人忌讳踩门槛和手抓门楣。

印制绣毡图纹的模具

蒙古人用一种被称作卓素的红土作为颜料,用专用模具印在洁白的毛毡上,再顺着纹路,用驼毛线缝制图纹。

天窗绳上的"贺西格"

"贺西格",汉意为"福分"。当牧民在宰杀或卖掉牛、马等大牲畜时,习惯从其鬃尾留下一小撮毛系于天窗绳上,象征将牲畜的福分留在家里。

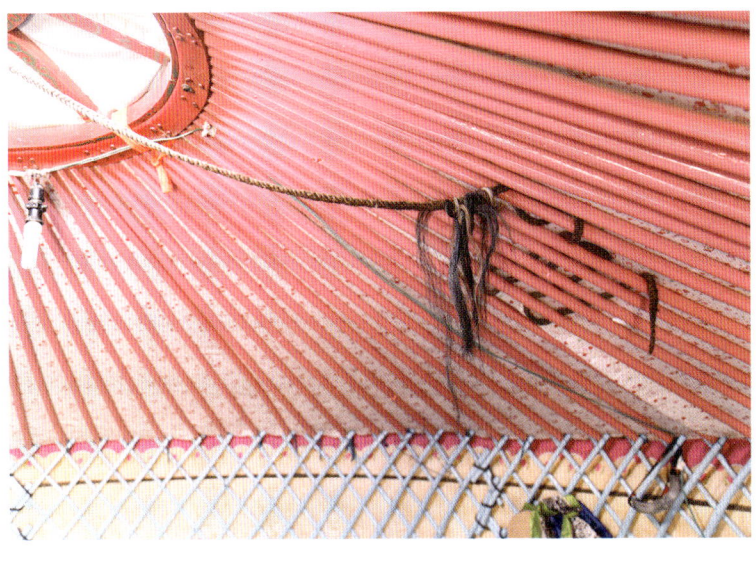

挂在乌尼杆上的鸟巢

鸟巢在蒙古文化中有多重象征意义,悬挂于乌尼上的鸟巢象征着子嗣繁衍。

图片提供者
（按姓氏笔画排序）

布音其其格	第42页（两幅）	第97页（四幅）	第152页（两幅）	第207页
第46页	第43页（两幅）	第98页（两幅）	第153页（两幅）	第208页
第47页	第45页	第99页	第154页（两幅）	第209页
第212页	第46页	第100页	第155页（两幅）	第210页
第213页	第47页	第101页（两幅）	第156页（两幅）	第211页（两幅）
伊东恒治《北支蒙疆的住居》	第48页	第102页（两幅）	第157页	第212页
（日文版，1943）	第49页	第103页（两幅）	第158页	第213页
第238页（下）	第49页	第105页	第159页	第214页
刘燕青	第51页	第106页	第160页	第215页（下）
第114页	第52页	第107页	第161页	第217页（两幅）
第115页	第53页	第109页	第162页（两幅）	第218页
兵团在线网	第54页	第110页	第163页	第219页
第45页	第55页（两幅）	第111页（两幅）	第164页	第220页（三幅）
索义拉	第56页	第112页（两幅）	第165页	第221页（三幅）
第49页	第57页（两幅）	第113页	第166页（两幅）	第222页
《哲理木》（民族画报社，1985）	第58页（两幅）	第114页	第167页（两幅）	第223页（两幅）
第215页（上）	第59页（两幅）	第115页	第168页（两幅）	第224页
郭雨桥《细说蒙古包》	第60页	第117页	第169页（两幅）	第225页
第73页（上）	第61页（两幅）	第118页	第170页（两幅）	第227页（三幅）
额尔德木图	第62页（两幅）	第119页（两幅）	第171页（两幅）	第228页
第13页	第63页（两幅）	第120页	第172页（两幅）	第229页（两幅）
第14页	第64页	第121页	第173页（两幅）	第230页（三幅）
第15页（两幅）	第65页	第125页（三幅）	第174页（两幅）	第231页（三幅）
第16页（两幅）	第66页（两幅）	第126页（两幅）	第175页（两幅）	第232页（两幅）
第17页（两幅）	第67页（两幅）	第127页	第177页（两幅）	第233页
第18页	第71页（两幅）	第128页	第178页（两幅）	第235页（两幅）
第19页（两幅）	第72页	第129页（两幅）	第179页（两幅）	第236页（三幅）
第20页	第73页（下）	第130页（两幅）	第180页（两幅）	第237页（三幅）
第21页	第74页	第131页	第181页	第238页（上图）
第22页	第75页	第132页	第185页（两幅）	第239页
第23页	第77页（两幅）	第133页	第186页（三幅）	第243页（两幅）
第24页	第78页（三幅）	第134页（两幅）	第187页（三幅）	第244页（两幅）
第25页	第79页	第135页（两幅）	第188页（三幅）	第245页（两幅）
第26页（两幅）	第80页	第136页	第189页	第246页
第27页	第81页	第137页	第191页（三幅）	第247页
第28页（两幅）	第82页（两幅）	第138页（两幅）	第192页	第248页（三幅）
第29页（两幅）	第83页（两幅）	第139页	第193页	第249页（两幅）
第30页	第84页	第140页（两幅）	第194页（两幅）	第250页（两幅）
第31页	第85页	第141页（两幅）	第195页	第251页
第32页	第86页（两幅）	第142页（两幅）	第196页（四幅）	第253页
第33页（两幅）	第87页（三幅）	第143页（两幅）	第197页（四幅）	第254页（两幅）
第34页（两幅）	第88页	第144页（三幅）	第198页	第255页
第35页	第89页（两幅）	第145页	第199页（两幅）	第256页
第36页	第91页（三幅）	第146页（两幅）	第200页（两幅）	第257页
第37页	第92页（三幅）	第147页（两幅）	第201页（两幅）	第258页
第38页（两幅）	第93页（两幅）	第148页（两幅）	第202页	第259页（两幅）
第39页	第94页	第149页	第203页	第260页
第40页（两幅）	第95页（两幅）	第150页（两幅）	第205页	
第41页	第96页（三幅）	第151页	第206页（两幅）	

后记

蒙古族住居文化研究是近年悄然出现于蒙古学领域中的一个新兴研究方向。由于研究对象的特殊性,这一领域吸纳了来自建筑学、民俗学、人类学、社会学、历史学等诸多学科的关注,逐渐发展成为一个多学科交叉互动的研究领域,并且在国内已逐步形成多学科领域学者合作研究的学术模式。对于建筑形制独特而单一,缺乏大型官式和公共建筑传统,且在现代化过程中正面临住居文化变迁的游牧社会而言,这一研究确实具有深刻的社会价值与文化意义。

本卷作者从事蒙古包与游牧住居文化研究已近10年,一直关注牧区住居文化与住居史之建筑人类学研究动向。以丰富的田野工作资料为基础,对包括蒙古包在内的游牧民居形态、类型、构成、材料以及空间、场所与行为模式,进行了偏重于人文社会科学范式的研究。试图以住居作为一项重要的"文本",从而解读隐含于其中的人文元素。这一研究工作的前提便是对蒙古地区现有住居模式的系统考察,在此过程中拍摄的图片与测绘的数据将是今后深入开展研究工作的基础。本卷所用图片真实地呈现了牧民的生活场景，为有关住居及社会文化研究提供了珍贵的原始资料。使所有关注住居文化的读者，在阅读本书的过程中有所"发现"、有所"感悟"，便是我的工作初衷。

除个别图片之外，收录于本书的图片全部来自个人田野工作，由此展现了科研工作所需的第一手资料，记录了由室外场所、住居本体与室内设施共同组成的住居景观，在特定时空中民众的日常生活。住居所反映的是每个时代的精神，故避免人为美化书中所用图片，尽力呈现生活世界的"原真性"是本书编纂工作的首要原则。此外，全书秉承以居住者的内在视角展现其住居环境的原则，尽量表达牧民群体的"诗意性栖居"理念以及通过住居环境建构而达到的"自我呈现"。其意义在于，展现并挖掘民众寄托于住居中的生活愿景与文化境遇，从而为读者群体呈现一种源自蒙古高原人居环境之智慧。

额尔德木图

2017 年 10 月

ᠬᠡᠪᠯᠡᠯ ᠦᠨ ᠳ᠋ᠤᠭᠠᠷ : 024 - 232843347   232843335

280.00 ᠲᠦᠭᠦᠷᠢᠭ

ISBN 978-7-5497-1738-5

2017 ᠣᠨ ᠤ 12 ᠰᠠᠷ᠎ᠠ ᠶᠢᠨ ᠬᠡᠪᠯᠡᠯ

2017 ᠣᠨ ᠤ 12 ᠰᠠᠷ᠎ᠠ ᠶᠢᠨ ᠬᠡᠪᠯᠡᠯ

280 ᠨᠢᠭᠤᠷ

16.5

210 mm × 285 mm

Amber Design

: ISBN 978-7-5497-1738-5